Impressum

Verlagsleitung
Markus Plötz

Redaktion
Nikolai Hoch

Autor
Thorsten Most

Lektorat
Josch K. Zahradnik

Korrektorat
Claudia Waller

Künstlerische Leitung
Nadine Schäkel

Coverbild
Janina Robben

Innenillustrationen
Katharina Niko, Janina Robben

Satz, Layout und Gestaltung
Mirko Bader

Printed in EU 2022

Vademecum Bund des wahren Glaubens

Brevier des zwölfgöttlichen Missio

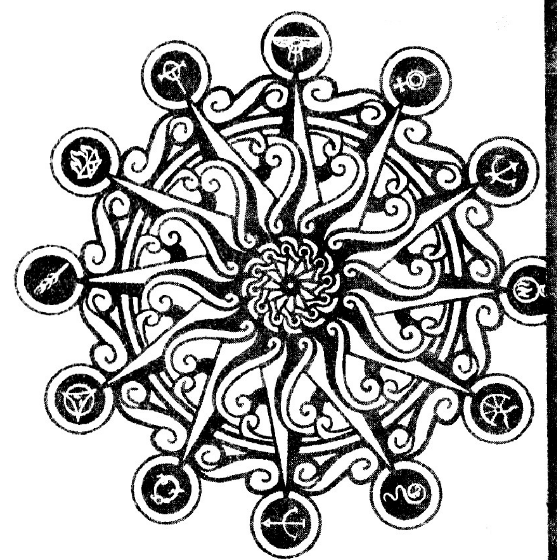

Vademecum Bund des wahren Glaubens

Brevier des zwölfgöttlichen Missionars

Eine aventurische Spielhilfe zum Orden der Illumnestraner und der zwölfgöttlichen Mission

von

Thorsten Most

mit Dank an

Heike Most, Josch K. Zahradnik, Alex Spohr, Eevie Demirtel und Niko Hoch für mannigfaltige Ideen und Ratschläge und an das Wiki Aventurica für die immense Erleichterung der Recherchen.

»Alles Schöne und Edle, das wir in unserer Seele sammeln, ist Abglanz einer höheren Wahrheit.« –Rohal der Weise

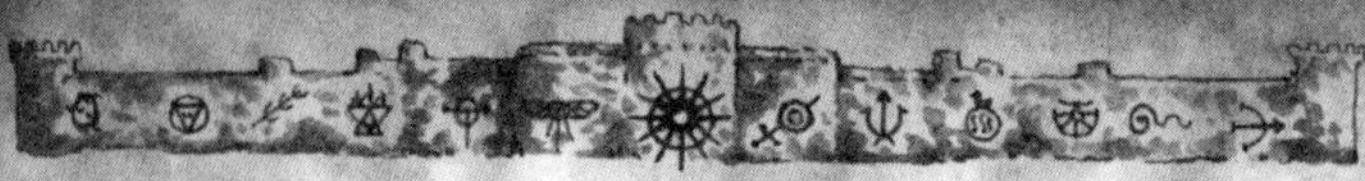

Inhalt

Einleitung 6

I Praios' Ordnung - Grundlagen, Ziele und Struktur 9

II Rondras Stärke - Schutz des Glaubens und der Gläubigen 29

III Efferds Weite - An allen Küsten zuhause 39

IV Travias Familie - Teil werden und Teil sein 49

V In Borons Reich - Vergangenes 65

VI Hesindes Weisheit - Artefakte, Schriften, Gebete 75

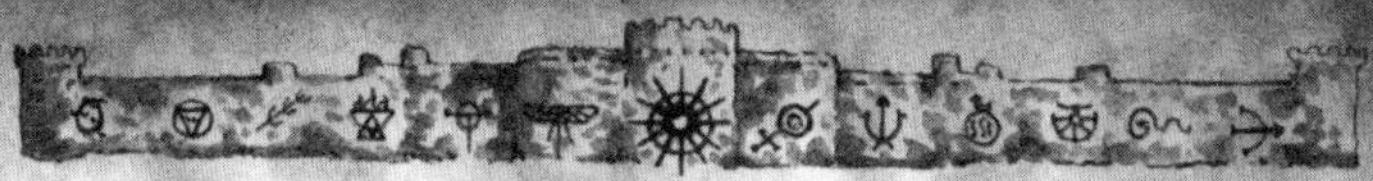

VII Mit Firuns Stärke - Wichtige Personen des Bundes 85

VIII Tsas ewige Erneuerung - Visionen der Zukunft 93

IX Phexens Schläue - Von der Problematik, es allen Zwölfen recht zu machen 105

X Peraines Saat - Die Mission 115

XI Mit Ingerimms Schaffenskraft - Aufbau der Mission 129

XII Mit Rahjas Leidenschaft - Vom Wesen eines Missionars 141

Anhang - Mit dem Auge des Weltenschöpfers 147

Vakatseiten 157

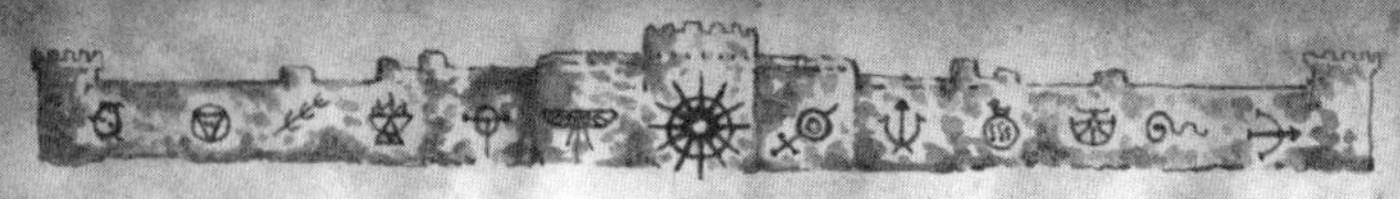

Vorwort

Der Zwölfgötterglauben ist die Religion Aventuriens mit den meisten Anhängern und somit auch der Glauben, dem die meisten der Helden anhängen, die dort ihre Taten vollbringen. Doch liegt in Spielhilfen, die sich dem Zwölfgötterglauben widmen, der Fokus meist stärker auf den einzelnen Gottheiten, die das Pantheon bilden, als auf der göttlichen Gemeinschaft. Der Zwölfgötterglauben ist aber mehr als die Summe seiner Teile. Er ist nicht nur ein Konstrukt, das ein friedliches Miteinander der teilweise sehr unterschiedlichen Geweihtentypen erlauben soll, er bietet auch eine kosmologische Grundlage, die den Aventuriern den großen Konflikt zwischen Göttern und Dämonen begreifbar macht.

Da es keine Kirche der Zwölfe gibt, dient der Bund des Wahren Glaubens als Schirmherr dieses Bandes. Die Bekehrung von Ungläubigen, der sich der Bund in weiten Teilen verschrieben hat, bietet eine hervorragende Möglichkeit, das Wissen um die Zwölfe und ihre Gemeinschaft aus allen Winkeln zu beleuchten. Ich hoffe, dass der Band so eine gute Ergänzung zu den Vademecums der einzelnen Gottheiten bietet, und sowohl genügend Neues bietet, als auch Anknüpfungspunkte an Bekanntes bei den einzelnen Kirchen enthält. Ich wünsche auf jeden Fall viel Spaß beim Lesen des Buches und hoffe, dass mit ihm der Zwölfgötterglaube weiter an Kontur gewinnt.

Thorsten Most,
Kamen im August 2017

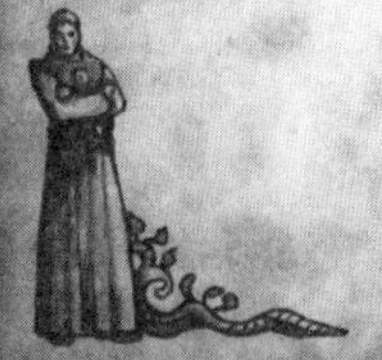

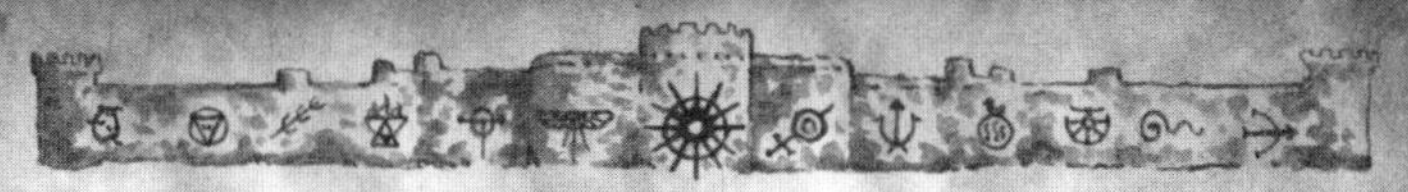

Einleitung

Die Welt ist groß, voller Schätze, aber auch voller Gefahren. Zum Glück schützt uns die zwölfgöttliche Ordnung vor dem Untergang. Doch die weise Prophetin Illumnestra sah voraus, dass das Chaos einst triumphieren wird, wenn die zwölfgöttliche Gemeinschaft nicht fest zusammensteht. Die Aufgabe, als Missionar den Glauben an die Zwölfe in die Welt zu bringen, ist also nicht nur eine ehrenvolle, sondern auch eine wichtige.

Mit acht Jahren erlebte ich, wie die Orks Marano zerstörten. Zu meinem Glück nahm mich unsere Gemeinschaft in Mantrash'Mor auf und half mir, mit den Alpträumen der Erinnerung zu leben. Dann verwüstete Borbarad die Lande und wurde erst durch die vereinigte zwölfgöttliche Gemeinschaft aufgehalten. Ich nahm Teil an der Errichtung unserer stolzen Feste Göttertrutz und half beim Kampf gegen seine Schergen. Wechselte über die Jahre auch die Art der Bedrohung, war die Rettung doch immer die gleiche: das Vertrauen in die Zwölfe und ihre Hilfe für uns Sterbliche. Nun lebe ich in Belhanka im Kloster Sancta Lamea und erlebe den Sternenfall im sicheren Wissen, dass wir auch diese Zeit überstehen, wenn unsere Gemeinschaft fest zusammensteht.

Ich danke Abt Gismondo Bellarini, der mir ermöglichte, dieses Werk zu verfassen. Möge es dir helfen, den Glauben an die Zwölfe zu stärken und neue Gläubige in den Kreis unserer Gemeinschaft zu führen.

Bruder Edorian Travinger,
gegeben im Kloster Sancta Lamea im Jahre 1040 BF

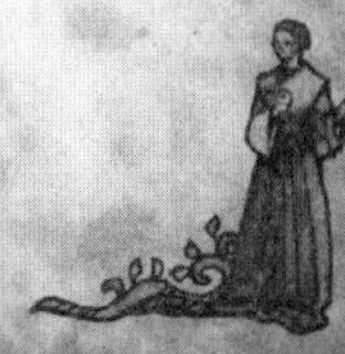

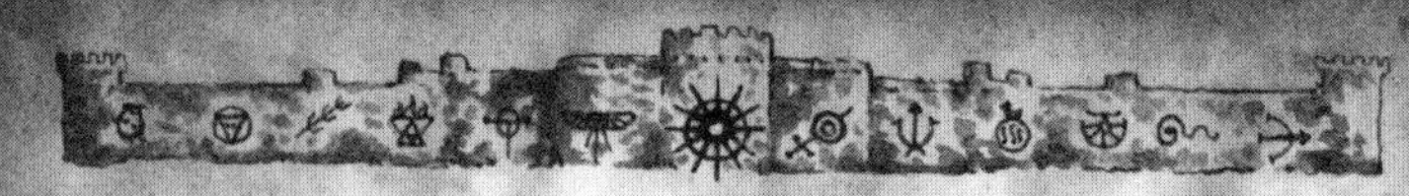

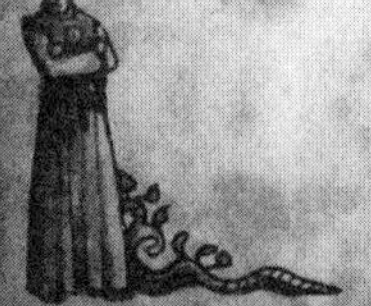

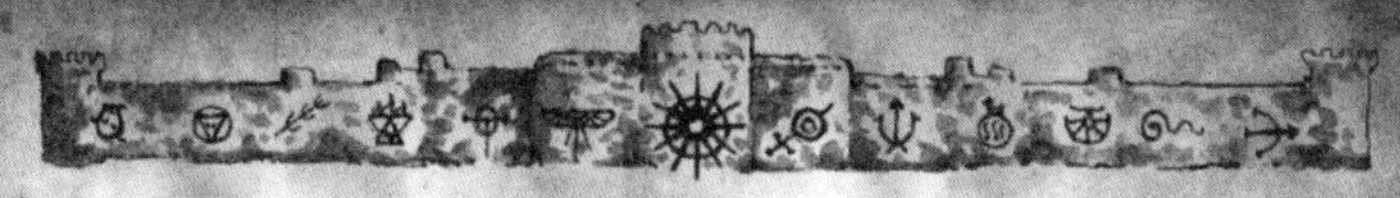

I

Praios' Ordnung
Grundlagen, Ziele und Struktur

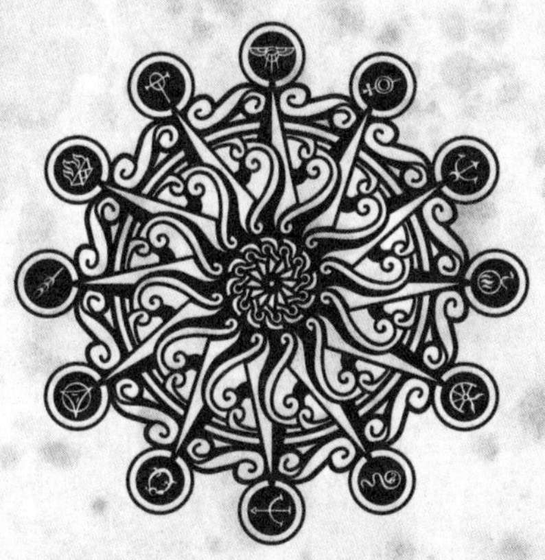

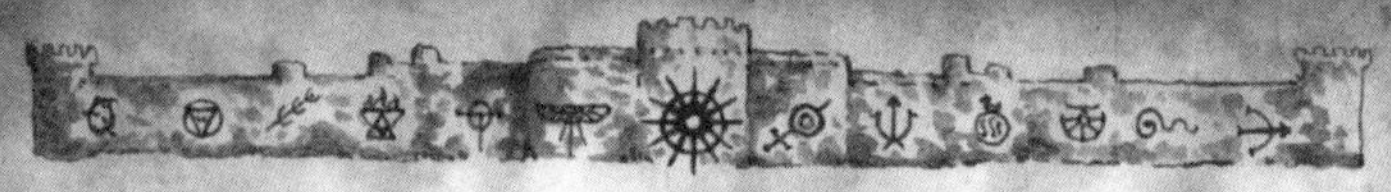

Allen Zwölfen zu dienen, ist eine erfüllende Aufgabe, die aber auch mannigfaltige Anforderungen an dich stellen wird. Manchmal wirst du das Gefühl haben, dass die scheinbar im Widerstreit stehenden Aspekte der Götter dir eine richtige Entscheidung fast unmöglich machen. In solchen Momenten der Unsicherheit bedenke stets, dass wir Sterbliche fehlbar sind und deswegen immer nur nach bestem Wissen und Gewissen unsere Entscheidungen treffen können, darauf hoffend, dabei das Richtige zu tun. Deshalb ist Praios' Ordnung als stabiles Fundament unseres Glaubens so wichtig, denn nur, wenn du die Gebote der Götter genau kennst, wirst du den richtigen Weg finden. Verinnerliche deshalb die Grundlagen unserer Gemeinschaft, sie werden dir die Richtung weisen, wenn du einmal nach Führung suchst. Dieses Buch soll dir dabei eine Hilfe sein.

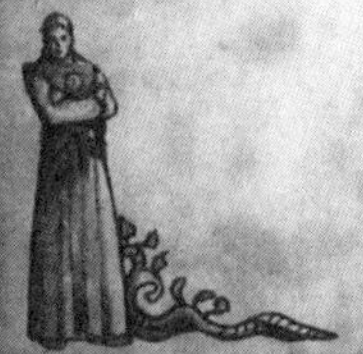

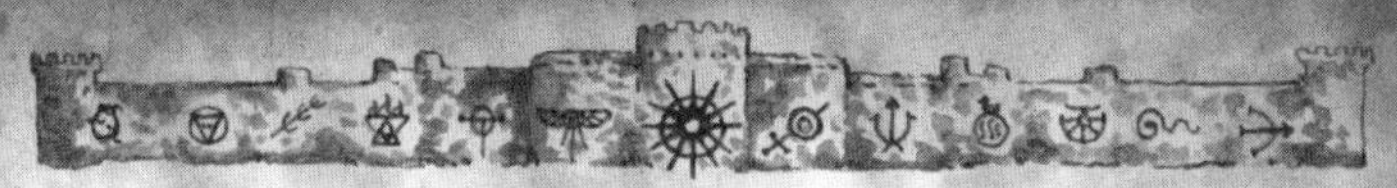

Die Grundlagen des Glaubens

Die Basis unseres Wissens um Ursprung und Zukunft der Welt entstammt den Visionen der ersten Illumnestra. In dunklen Zeiten, als die Verehrung von Götzen um sich griff und die Zukunft wenig Gutes erhoffen lies, erhielt die Prophetin ein Zeichen der Herrscher Alverans, um die Sterblichen wieder auf den richtigen Weg zu führen. Zusammengetragen wurde dieses Wissen in der Kosmogonika, die uns vom Anbeginn der Welt und ihren wahren Hütern berichtet. Fast jeder Zwölfgöttergläubige dürfte die Geschichte kennen, wie Illumnestra sie erfuhr: Los und Sumu kämpften miteinander, die Urriesin verletzte den Allvater, doch dieser streckte sie nieder, und ihr Leib wurde zu unserer Welt. Aus Los' Tränen, die er über den Tod Sumus vergoss, wurden die Vorfahren aller sterblichen Wesen, aus den Blutstropfen, die aus seiner Wunde fielen, entstanden die Götter, die Dere bis heute behüten.

Aus Sumus sterbendem Leib sprossen alle Pflanzen. Es gibt Schriften, wie die hesindianischen Annalen des Götteralters, nach denen manche der Götter ebenfalls aus dem Leib Sumus entstanden seien und gar Krieg gegen die anderen Götter geführt haben. Doch müssen die alten Schriften hier irren, denn wenn auch Hohe Drachen und Riesen Kinder Sumus sein mögen, Illumnestra sagt in der Kosmogonika eindeutig, dass die Götter Los' Blut entstammen. Wenn sie also Krieg gegeneinander führten, so standen hier Loskinder gegen Loskinder.

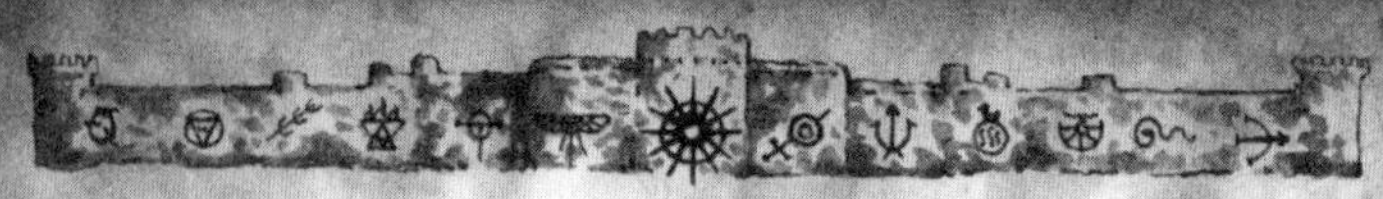

Ein weiteres wichtiges Detail wurde der Prophetin in ihren Visionen offenbar: Unter allen göttlichen Wesen gibt es nur Zwölf, die die wahren Herrscher Alverans sind und denen alleine unsere tiefste Verehrung gelten darf. Alles, was sich diesen Zwölfgöttern unterordnet und so dem Bewahren der Schöpfung dient, ist gut, alles, was sich außerhalb dieser Ordnung befindet, ist schlecht. So einfach dieser Grundsatz ist, so schwierig ist es doch oft, zu erkennen, was zur gegebenen Ordnung gehört und was nicht.

Illumnestra sah auch, dass das Ende der Welt eintreten wird, sollte die göttliche Gemeinschaft jemals zerbrechen. Hier liegt die wahre Berufung unseres Bundes, denn diese Zwölfeinheit zu verteidigen und zu stärken heißt somit auch, für das Fortbestehen der Welt zu kämpfen. Illumnestra konnte jedoch nicht ergründen, welche Namen die von ihr verkündeten Zwölfe tragen. Die Götter selbst wissen wohl am besten, wie viel sie einem einzelnen sterblichen Geist zumuten können, und so wählten sie mit Silem-Horas einen weiteren Erleuchteten, um dieses Wissen mit uns Sterblichen zu teilen. Er verkündete die Namen der wahren Zwölf und wie sie unseren Jahres- und Tageslauf bestimmen. Sein Edikt und die Kosmogonika Illumnestras bilden zusammen die Grundlage des Zwölfgötterglaubens.

Von den Halbgöttern und Alveraniaren

Wie wir wissen, gibt es noch weitere Unsterbliche neben den Zwölfen. Silem erkannte auch ihren Platz und löste so einen Konflikt, da Illumnestra nur von zwölf wahren Göttern gesprochen hatte, es aber deutlich mehr Wesenheiten gab, die im Dienst der göttlichen Ordnung zu stehen schienen. Die Zwölfe sind diejenigen bestimmenden Kräfte, welche die

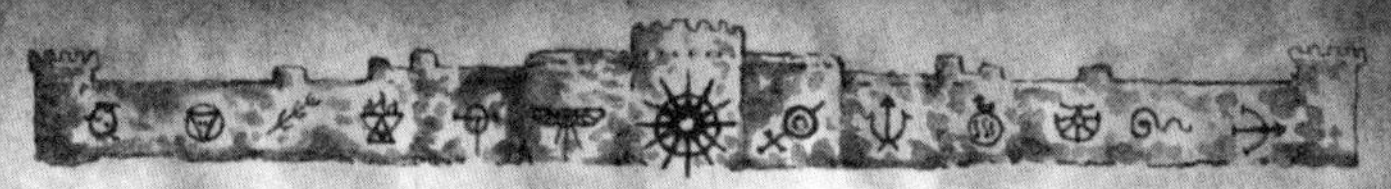

Herrschaft über die Götterfeste Alveran innehaben und so die Hüter unserer Welt darstellen. Alle weiteren Entitäten ordnen sich ihnen entweder unter, oder sie stehen außerhalb der Ordnung und sind zu verdammen. Weitere Wesen wahrhaft göttlicher Macht, die im Gefolge der Zwölfe zu finden sind, nennen wir Halbgötter. Sie können sich, wie die Zwölfe, Diener erwählen und diese mit einem Teil ihrer Macht erfüllen. Neben ihnen gibt es weitere Wesen göttlichen Ursprungs, aber minderer Macht, die keine eigene Geweihtenschaft besitzen, aber den Zwölfen oft als Alveraniare, also als Sendboten der Götter an uns Sterbliche, dienen.

Dic Verehrung all dieser Wesenheiten ist gut, denn sie sind Teil der zwölfgöttlichen Gemeinschaft. Über ihr Wesen gibt es viele Theorien, und kein Sterblicher wird wohl jemals die ganze und letztgültige Wahrheit über sie erfahren. Sicher ist jedoch, dass sie alle erst von den Zwölfen erschaffen wurden und nicht vor ihnen existierten. Wir sehen sie daher als Kinder der Unsterblichen an, teilweise gezeugt mit anderen Unsterblichen, teilweise sogar mit Sterblichen. Manche sagen, dass diese Sicht eine Vereinfachung der Wahrheit darstellt, damit wir sie, so gut es geht, verstehen können. Sicherlich haben die Götter ihre Kinder nicht wie wir Sterblichen gezeugt. Manche Brüder und Schwestern sprechen deshalb davon, dass die Zwölfe Aspekte ihrer selbst abspalteten und zu den Halbgöttern formten. Doch auch in diesem Fall könnten wir in menschlichen Begriffen von einer Elternschaft sprechen, und so bleibt es eine hilfreiche und korrekte Erklärung, in den Halbgöttern die Kinder der Zwölfe zu sehen.

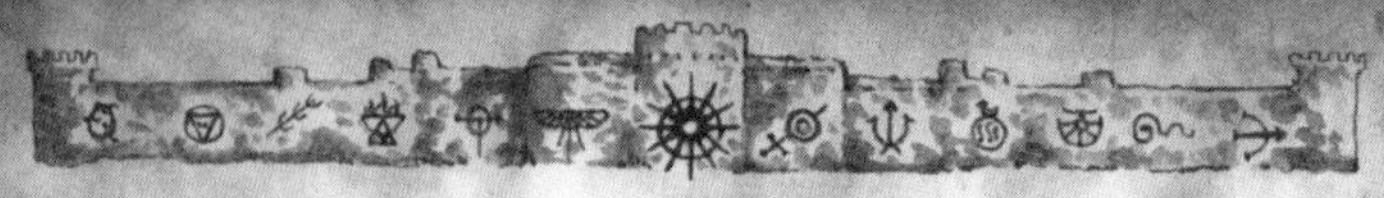

Auch die Halbgötter und Alveraniare sind uns verehrungswürdige Vorbilder, denn dient man ihnen, so dient man dadurch gleichzeitig den Zwölfen. Wichtig dabei ist jedoch, dass man den wahren Platz der Götterkinder akzeptiert und nicht versucht, sie über ihre Eltern zu stellen, denen sie schließlich Existenz und Wesen verdanken. Wer anderes fordert, bedroht die zwölfgöttliche Einheit. Ich will nicht verschweigen, dass du im Laufe deines Lebens auf Einzelne treffen wirst, leider auch innerhalb des Bundes, die vor allem an der Rechtmäßigkeit des Standes der Halbgötter zweifeln und vermuten, dass Silems Edikt manche gar nicht von ihm selbst verfasste, sondern erst nachträglich hinzugefügte Passagen enthalte. Diese verirrten Seelen vertreten eine extreme Sicht auf die Zwölfgötter, die in der Annahme von Halbgöttern bereits die Verehrung von Götzen sieht und eine Beschränkung der Verehrung auf Illumnestras wahre Zwölf fordert. Wappne dich, solchen Aussagen entschieden entgegen zu treten, denn sie schaden der Einheit der zwölfgöttlichen Gemeinschaft und stellen all das Gute, Rechte und Edle in Abrede, das wir durch das Wirken der Diener der Halbgötter erleben durften.
Hüte dich jedoch davor, Silems Edikt als universelle Möglichkeit zu sehen, jedes Wesen mit einer Anhängerschaft zu einem Halbgott oder einer Halbgöttin zu erheben. Genauso, wie er die Namen der wahren Zwölf verkündete, stellte Silem auch die Reihe der tatsächlich in die Ordnung eingebundenen Halbgötter auf. Hier in Mantrash'Mor erleben wir leider immer wieder, wie einzelne Verblendete Horas zu einem Halbgott erheben wollen, doch nennt Silems Edikt seinen Namen nicht als solchen, und so ist er sicherlich ein hoher Alveraniar im Gefolge des Herren Praios, aber kein Gott.

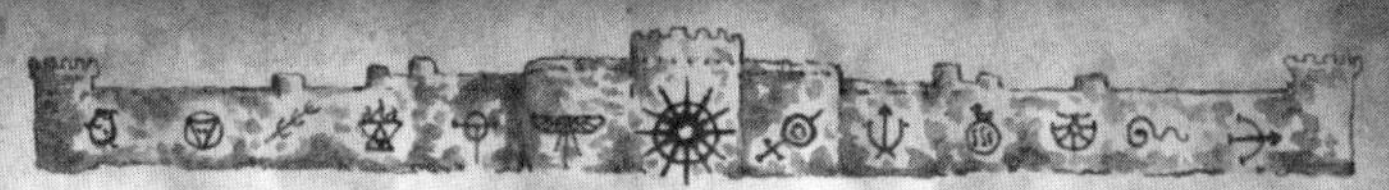

Die göttliche Gemeinschaft

Dies sind die Zwölfgötter, wie Silem-Horas sie uns verkündete:

PRAios, der Gott der Könige, ist der Garant von Recht, Ordnung und Gerechtigkeit. Er kämpft gegen finstere Magie und gibt uns die lebensspendende Sonne.

RONdra, die göttliche Leuin, steht für Mut, Tapferkeit und Kampf. Sie gebietet über Sturm, Donner und Blitz. Im Kampf bevorzugt sie den ehrenvollen Zweikampf.

EFFerd, der Unergründliche, ist der Herr über Wind und Wogen. Die Geschöpfe des Wassers sind ihm untertan, die Seefahrer seine treuesten Anhänger.

TRAvia, die gütige Mutter, schützt die Gastfreundschaft und die Ehe. Heim und Herdfeuer sind ihre Domäne, und die Treue zwischen den Menschen steht unter ihrem Segen.

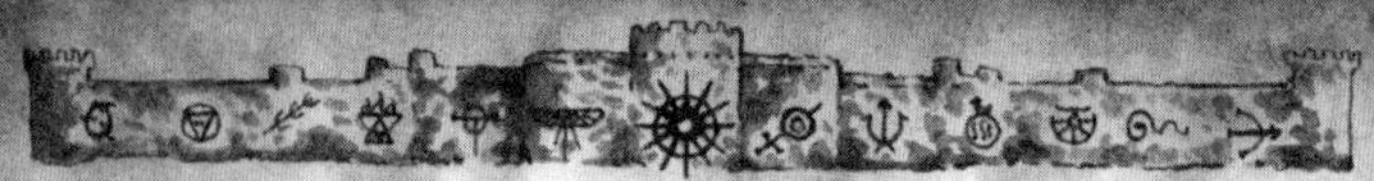

BORon, der Schweigsame, herrscht über die Reiche von Tod und Traum. So unerbittlich er ist, so gnadenvoll ist seine Gabe des Vergessens, die manch gepeinigter Seele Ruhe schenkt.

HESinde, die Allweise, ist die Patronin von Magie, Wissen und Kunst. Gelehrte und Magier sind ihre ergebensten Anhänger und die Bewahrung von Wissen ihr oberstes Ziel.

FIRun, der weiße Jäger, steht für Winter, Kälte und die Jagd. Ihm genehm sind die, die sich aus eigener Stärke behaupten, und die, die das Wild im gerechten Wettstreit erlegen.

TSA, die junge Göttin, gibt den Neugeborenen ihren Segen. Der ewige Wandel ist ihr Wesen, und wer sich nach Freiheit sehnt, hat in ihr eine Fürsprecherin.

PHEx, der Listige, ist der Gott der Händler und Diebe. Wer geschickt seinen Vorteil findet und Herausforderungen auf kluge Art besteht, der folgt Phexens Pfaden.

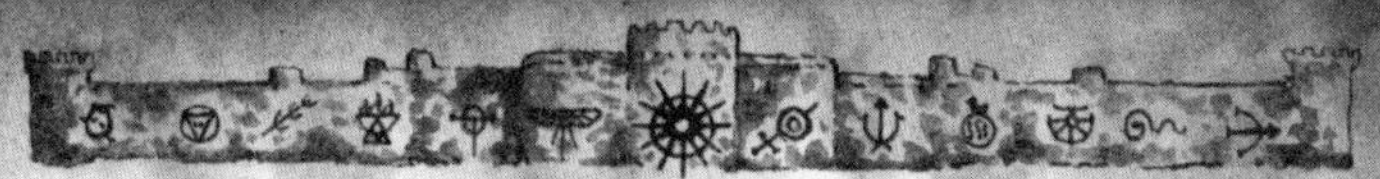

PERaine, die Gebende, schenkt uns Heilkunst und Ackerbau. Die Arbeit der Bauern steht unter ihrem Schutz, und wer krank oder verletzt ist, dem kann ihr Segen helfen.

INGerimm, der himmlische Schmied, Angrosch bei den Zwergen, hat uns Feuer und Erz gegeben. Das Handwerk, das Kunstvolles aus seinen Gaben schafft, steht unter seinem Schutz.

RAHja, die schöne Göttin, steht für Freude und Leidenschaft. Der ekstatische Rausch und das harmonische Zusammenleben in der Gemeinschaft sind ihr dabei gleichermaßen wichtig.

Den Zwölfen untergeordnet sind die sechs Halbgötter, wie Silem-Horas sie verkündete:

Aves, der fröhliche Wanderer, ist der Sohn von Rahja und Phex. Ihm ist ganz Aventurien heilig, Reisende und Abenteuerlustige können auf seinen Schutz hoffen.

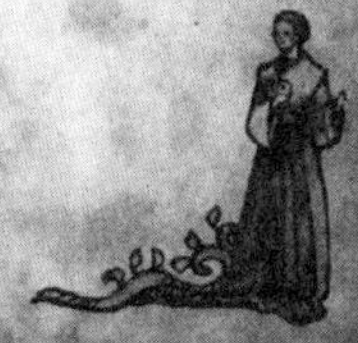

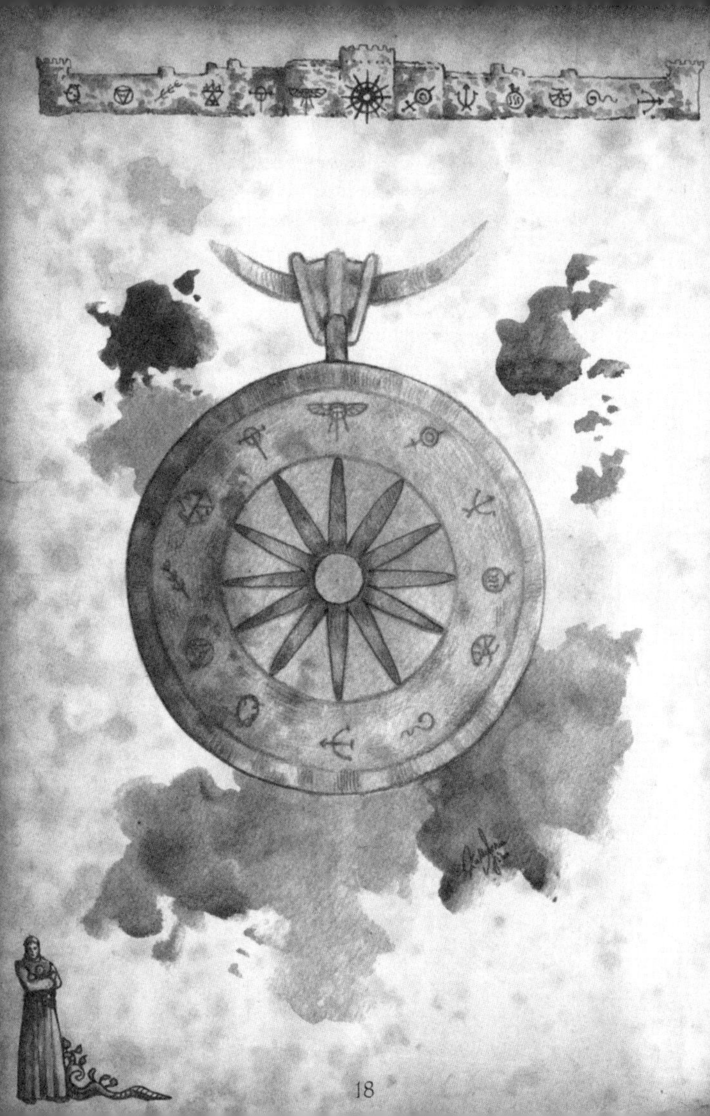

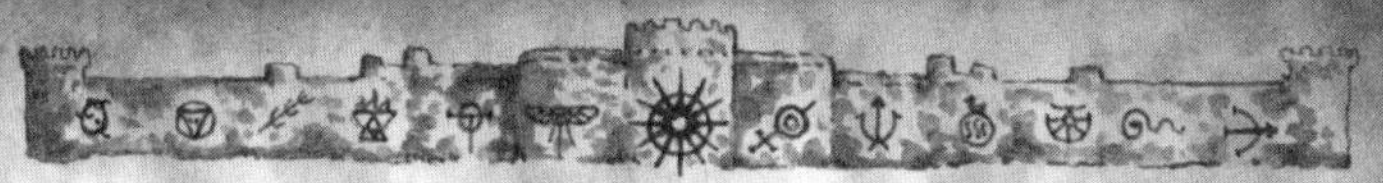

Ifirn, die Schwanengleiche, ist ein Kind Firuns mit der Sterblichen Meriban. Sie gilt als die Frühlingsbringerin, die die Kälte ihres Vaters mit Sanftmut mildert, weshalb sie auch als Vermittlerin zu Firun angerufen wird.

Kor, der Herr der Schlachten, ging aus der Verbindung Rondras mit dem Hohen Drachen Famerlor hervor. Der blutige und der gute Kampf sowie das Söldnertum sind seine Domäne.

Nandus, der Herr der Rätsel, Sohn von Hesinde und Phex, ist der göttliche Lehrer. Sein Streben richtet sich darauf, uns Sterbliche Wissen zu lehren und unseren Geist mit Rätseln zu schulen.

Swafnir, der Gottwal, ist der Sohn von Efferd und Rondra. Seine Domäne sind die Meere, wo er gegen unheilige Wesen kämpft und Seefahrern bei Gefahr beisteht.

Ucuri, der göttliche Bote, wurde von Praios aus sich selbst geschaffen. Als einziger der Halbgötter weiht er keine eigenen Diener, ist seine Aufgabe doch, als Bote zwischen den Göttern zu dienen. Nach seinem Vorbild bilden aber die Ucuriaten die derischen Boten zwischen den Kirchen.

Es kommt vor, dass anderen aus der Gefolgschaft der Zwölfe von Sterblichen der Status eines Halbgotts zugeordnet wird. So werden manchen von ihnen sogar eigene Tempel gebaut. Ich selbst sah in Gareth einen Tempel des Simia, in Horasia einen Tempel des Horas und in Al'Anfa Tempel des Levthan und der Marbo. Diese unbotmäßige Erhöhung über ihren eigentlichen Stand stellt eine Verletzung von Silems Edikt dar. Deshalb solltest du stets versuchen, diesen Irrwegen entgegenzutreten. Doch bedenke, dass nicht jeder Irrtum im Glauben gleich schwer wiegt. Wer die Diener der Zwölfe verehrt, der steht grundsätzlich auf der Seite der wahren Götter und verdient, dass wir ihn mit Respekt ermahnen.

Auch der Namenlose und die Hesindetochter Mada gelten als Wesen göttlichen Ursprungs. Sie stehen jedoch außerhalb der zwölfgöttlichen Ordnung, da sie gegen deren Gesetze verstießen. Deshalb wurden sie verbannt: Mada von Praios an einen Felsen am Himmel, der, von Phex bewacht, uns Sterblichen als Erinnerung an ihren Frevel dient, der Namenlose von den Göttern vor die Bresche zu den Niederhöllen, die dieser in seinem Wahn geschlagen hatte.

Menschenwerk und Götterwerk

Einzig die Zwölfe sind unfehlbar, wir, die Sterblichen, können nur hoffen, möglichst wenige Fehler zu machen. Leider kann es schlimme Folgen haben, wenn Diener der Götter falsch entscheiden, oder missverstanden werden. Triff deine Entscheidungen deshalb sorgfältig, und wähle deine Worte mit Bedacht, denn gerade die Feinde der Ordnung werden versuchen, deine Fehler den Zwölfen selbst anzulasten. Sprichst du von Praios, dem Götterfürsten, so werden man-

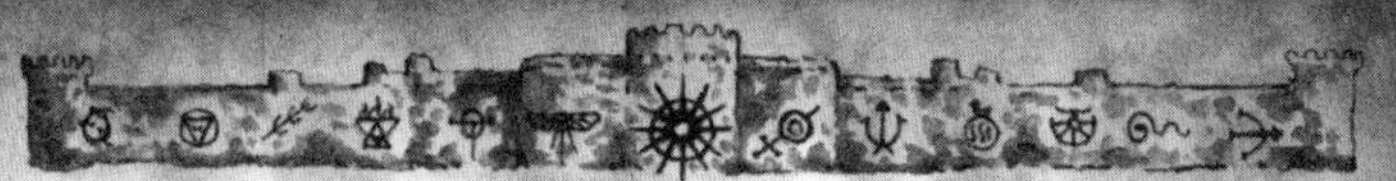

che an die praiosgegebene Adelshierarchie denken und Praios als den Anführer der Götter sehen, der diesen mit Autorität Befehle erteilen kann. Wir wissen, dass diese Sichtweise am Kern der Zwölfe, nämlich an ihrer unteilbaren Einheit, vorbeigeht. Einen von ihnen voran zu stellen, treibt Keile in die Gemeinschaft, und dergleichen ist um jeden Preis zu vermeiden, denn, wie Illumnestra erkannte, die Gemeinschaft alleine ist der Garant für das Fortbestehen der Welt!

Und doch treten Brüche und interner Zwist auf. Die Gemeinschaften von Praios und Boron können davon berichten, wie ihre Kirchen die innere Einheit verloren, weil die Menschen, welche die Kirchen mit Leben füllen, uneins wurden. Für uns muss dabei gelten: Trägt eine Gemeinschaft den Segen eines der Zwölfe, so soll sie uns Freund sein, niemals Feind. Deshalb sind wir als Orden neutral, wenn es um das Schisma der Kirche des Herrn Boron geht, denn beide Teile haben offenkundig seinen Segen und verdienen unsere Hilfe, jedoch nicht gegeneinander. Uns bleibt nur zu hoffen, dass dieser schädliche und unnütze Streit ein Ende finden wird, denn von einem solchen Konflikt können nur die Feinde der Ordnung profitieren.

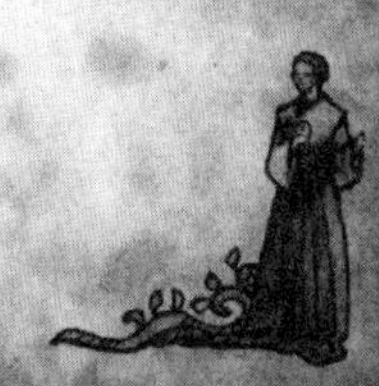

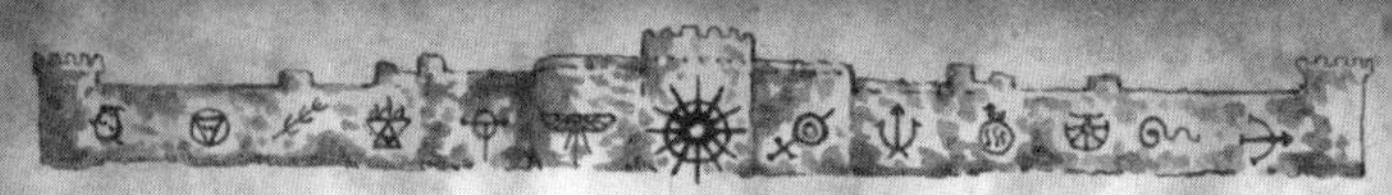

Ziele des Bundes

Das grundlegende Ziel unseres Bundes ergibt sich direkt aus Illumnestras Visionen: Die zwölfgöttliche Gemeinschaft ist der Garant für das Fortbestehen der Welt. Ihr Scheitern würde das Kommen des XIII. Zeitalters bedeuten, die Befreiung des namenlosen Übels und den Untergang der Welt im Ansturm der Dämonenhorden. Deshalb ist es so wichtig, diese Gemeinschaft zu schützen und zu fördern, denn ihre Gegner sind mannigfaltig: manche bekämpfen sie aus Böswilligkeit, manche aus Verblendung, andere aus Ignoranz oder aus Gier.

Stärkung des Glaubens

Eine intakte Gemeinschaft ist nichts, das ohne unser Zutun von Dauer so bleiben wird. Ist Phex dir gewogen gewesen und bist du hier in Mantrash'Mor aufgewachsen, so musstest du nicht erleben, wie der Glauben an die Zwölfe in schlimme Gefahr geriet. Hast du dein Leben im tobrischen Kloster Göttertrutz verbracht, dann wirst du nur zu gut wissen, was die Dämonenknechte des Bethaniers und ihre Schandtaten für die Götteranhänger bedeuteten.

Eine wohlgeordnete Gemeinschaft wird gedeihen und stark sein, wenn eine äußere Bedrohung aufzieht. Sie wird ein leuchtendes Beispiel sein für die, die an den Zwölfen zweifeln. Dadurch, dass die Zwölfe mit uns sind, können wir ein klares Zeichen für die setzen, deren Leben sich nicht in der glücklichen Ordnung der Götter wiederfindet. Deswegen, als Schutz und als Zeichen, ist die Stärkung des Glaubens unsere Aufgabe. Schwierig ist die Situation zurzeit vor allem in den verheerten Gebieten der ehemaligen Schwarzen Lande.

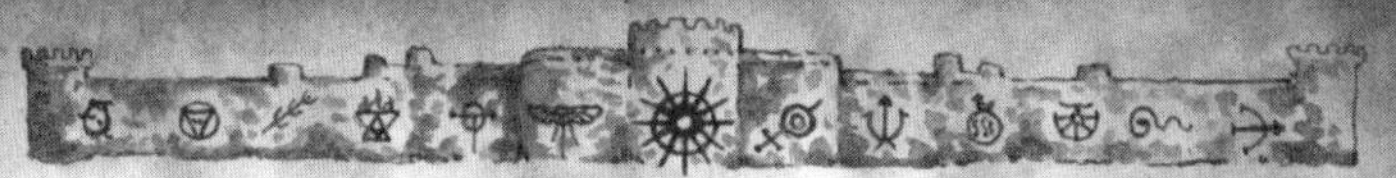

Die Menschen dort mögen sich zwar noch an den wahren Glauben erinnern, aber ihr Geist ist oft durch das Erlebte erschüttert worden, und viele gefährliche Gedanken haben sich bei ihnen vermutlich mit der wahren Lehre vermengt. Hier musst du sehr aufmerksam und zugleich bedacht handeln, denn jede Seele ist wertvoll und verdient es, dass man um sie kämpft. Verdamme also nicht jeden Häretiker sogleich vollends, sondern versuche, ihn oder sie wieder vorsichtig mit Worten und Taten auf den rechten Weg zurückzuführen. Dies mag lange dauern und viel Arbeit bedeuten, doch ist dies auch ein wichtiges Zeichen, nämlich, dass die Gemeinschaft keinen der Ihren verloren gibt.

Verbreitung des Glaubens

Eine stabile Gemeinschaft ist eine gute Basis, doch wir müssen auch Ausschau halten nach jenen, die noch nicht den Weg zu den Zwölfen gefunden haben. Jede Seele ist es wert, dass man sich um sie bemüht, denn jede verlorene Seele schwächt die Ordnung der Welt und lässt das Weltenende näher rücken. Wer noch nicht von den Zwölfen gehört hat, der ist in steter Gefahr, in die Hände der Feinde der göttlichen Ordnung zu fallen. Deshalb ist es unsere Aufgabe, das Wissen um die wahren Götter auch in die entferntesten Flecken Deres zu bringen und die Sterblichen dort zum wahren Glauben zu bekehren. Für die Verbreitung sind dabei das Wort und die Tat meist wichtiger als das Schwert: Predige den Menschen, was sie durch die Zwölfe zu gewinnen haben, sei ihnen ein leuchtendes Vorbild, helfe ihnen, und du wirst sie zum rechten Glauben führen. Denn gewinnst du erst ihre Herzen, dann wird über kurz oder lang ihr Kopf folgen. Willst du sie mit Gewalt zu ihrem Glück zwingen, dann verlierst du ihre

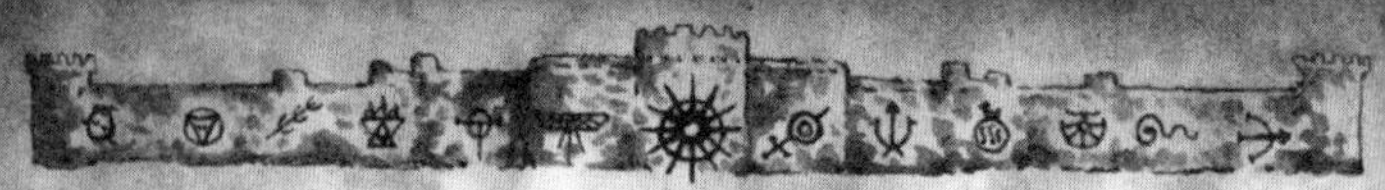

Herzen und wirst du auch den Kampf um ihre Seelen verlieren. Das Schwert ist ohne Frage wichtig zur Verteidigung von Glauben und Gläubigen, aber ein niedergestreckter Feind ist meist eine verlorene Seele.

Schutz des Glaubens

Wenn es nötig wird, musst du für den Schutz des Glaubens eintreten. Häufig bedeutet dies, die Gläubigen selbst zu schützen, wenn ihr Leben durch Gewalt oder ihr Seelenheil durch Irrlehren bedroht ist. Hier musst du mit Waffe oder Worten gegen die Bedrohung vorgehen, denn ohne Schutz der Gemeinschaft würden die Feinde der göttlichen Ordnung triumphieren. Es mag sein, dass du dazu rondragefällig eine Waffe führen musst, denn ein auf Dere entfesselter Dämon wird nicht durch gute Argumente zu besiegen sein. Bedenke jedoch, dass du meist nicht alleine stehst, und nimm die Hilfe anderer Gläubiger gegen das Böse jederzeit an, denn auch du bist durch die Gemeinschaft stark.

Es gibt Schutz, der keiner Waffe bedarf. Praios' gerechte Gesetze schützen die zwölfgöttliche Gemeinschaft ebenso, wie die Gaben Travias unser Heim schützen, oder die Peraines unsere Felder, sodass wir in einer intakten Gemeinschaft unseren Glauben stärken können. Besonders deutlich wird dies, wenn wir die von den Göttern gegebenen karmalen Kräfte einsetzen. Mit einem Geburtssegen schützen wir etwa die Seelen unsere Jüngsten und mit einem Schutzsegen Wehrlose vor den Angriffen unheiliger Wesen. Die göttliche Ordnung schützt dadurch alle, die sich ihr unterstellen, vor dem unheilvollen, niederhöllischen Chaos.

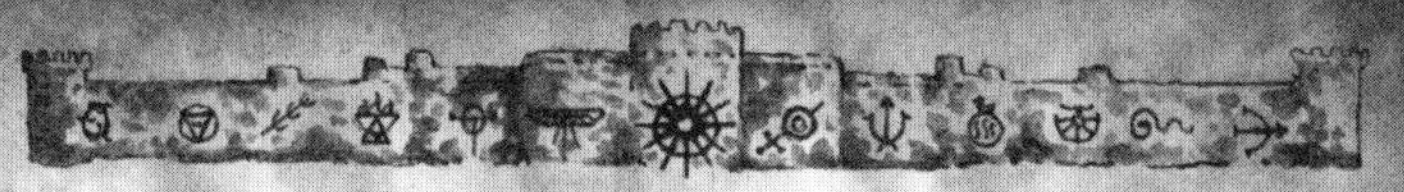

Deutung des Willens der Götter

Eine weitere bedeutende Aufgabe für jeden von uns ist es, den Willen der Götter richtig zu deuten. Wissen wir nicht, was die Götter wollen, so können wir keine guten Entscheidungen treffen. Gebet und Meditation sind deshalb ein wichtiger Teil deines Lebens, denn nur so kannst du den Zwölfen möglichst nahe kommen und ihren Willen in Visionen empfangen. Bist du gar in der Fremde auf dich allein gestellt, was dir als Missionar oder Wanderprediger häufig geschehen wird, ist die Meditation oft die einzige Möglichkeit, bei schwierigen Fragen hilfreiche Zeichen zu erhalten.

Der Aufbau der Gemeinschaft

Unser Bund ist nicht durch eine besonders ausgeprägte Hierarchie gekennzeichnet. Über allem steht die amtierende Illumnestra als unser Haupt, die unserer Ordensgründerin zu Ehre deren Namen als Titel führt. Als Erzäbtissin kümmert sie sich jedoch kaum um das alltägliche Geschäft in den Klöstern, denn sie ist vor allem mit der Ergründung des Willens der Götter und der Zukunft beschäftigt. Stirbt die Illumnestra, so hat sie ihre Nachfolgerin zuvor bereits in Visionen erkannt und uns Hinweise hinterlassen, damit wir diese finden. Der Illumnestra untergeben sind die Äbte. Sie leiten das Leben der ihnen unterstellten Klöster, sind also vor allem für deren Organisation zuständig und haben weniger mit den einfachen Aufgaben des Alltags zu tun. Wird ein neuer Abt benötigt, so kommen alle Bundesmitglieder des Klosters zusammen. Jeder schreibt den Namen des seiner Ansicht nach geeignetsten Kandidaten auf ein Stück Papier. Bedingung ist

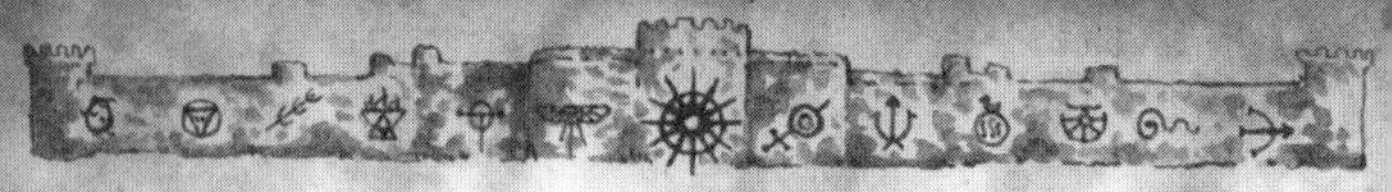

nur, dass der Kandidat oder die Kandidatin selbst dem Bund angehört. Alle Papiere werden in einem Gefäß gesammelt, aus dem der Älteste oder die Älteste der Gemeinschaft anschließend unter Führung der Götter den Namen des neuen Abtes oder der neuen Äbtissin zieht. Als erste Amtshandlung übergibt dieser oder diese die Wahllose anschließend dem Feuer.

Alle vollen Mitglieder des Bundes unter den Äbten sind komplett gleichgestellt, egal ob sie Laien sind, Zeloten oder Geweihte. Nur etwa ein Viertel unserer Mitglieder sind Geweihte, doch viele der übrigen sind Zeloten, die bekannt sind für ihre Visionen und inspirierenden Predigten. Alle Mitglieder, die nicht als Wanderprediger umherziehen, helfen bei den nötigen Arbeiten im Kloster. Alle, die noch nicht Mitglied im Bund sind, aber die Aufnahme anstreben, dienen in den Klöstern als Novizen. Sie verrichten hier gemeinsam mit uns viele der anfallenden Arbeiten, werden aber auch im nötigen Wissen und den nötigen Fertigkeiten geschult.

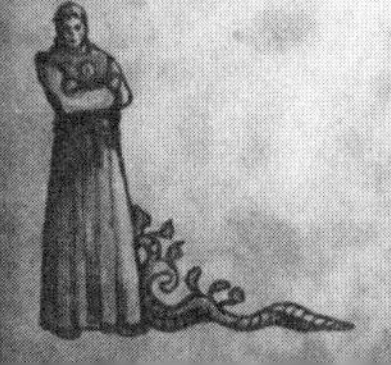

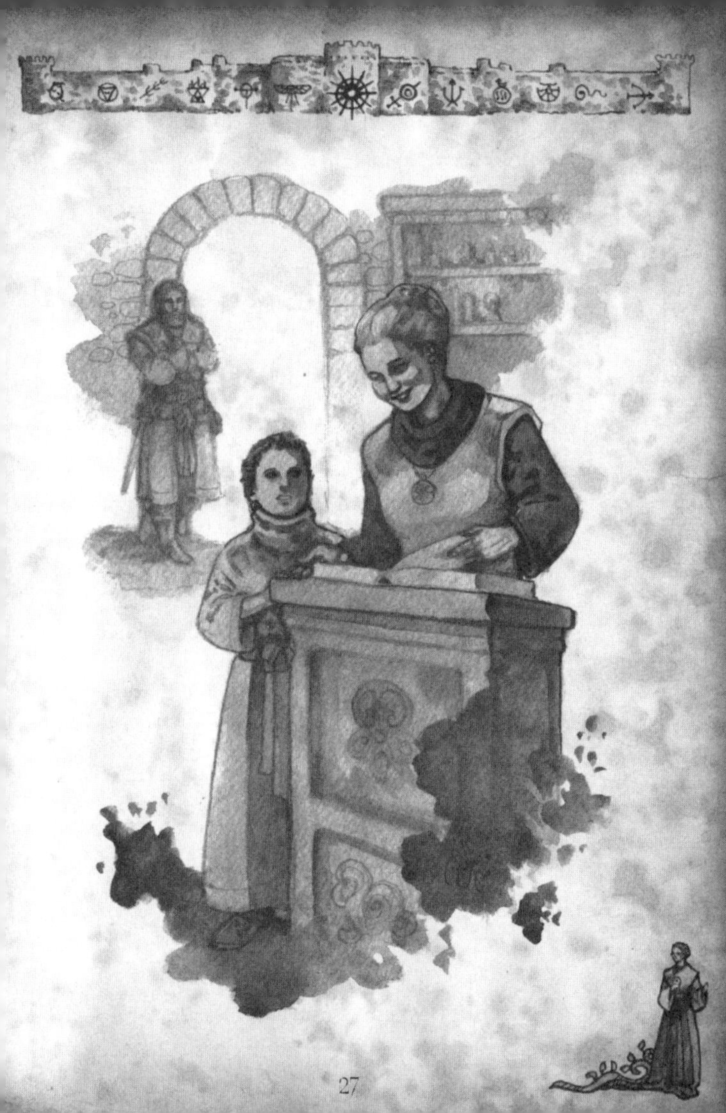

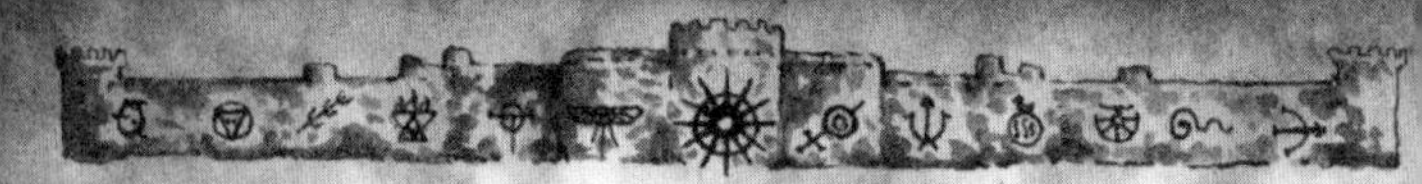

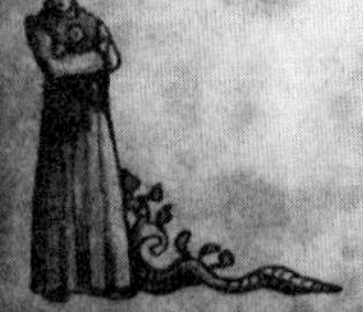

II

Rondras Stärke

Schutz des Glaubens und der Gläubigen

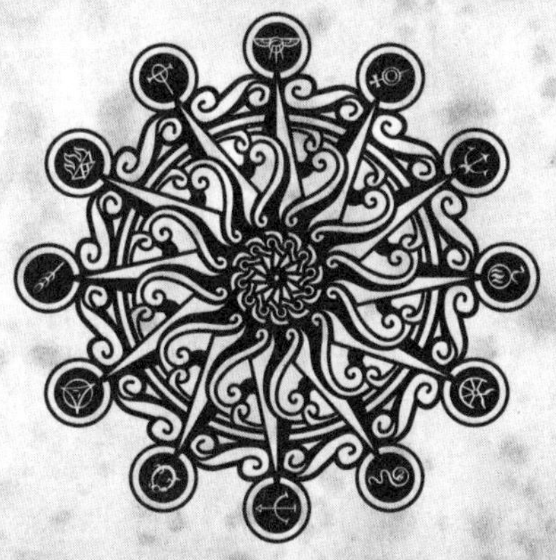

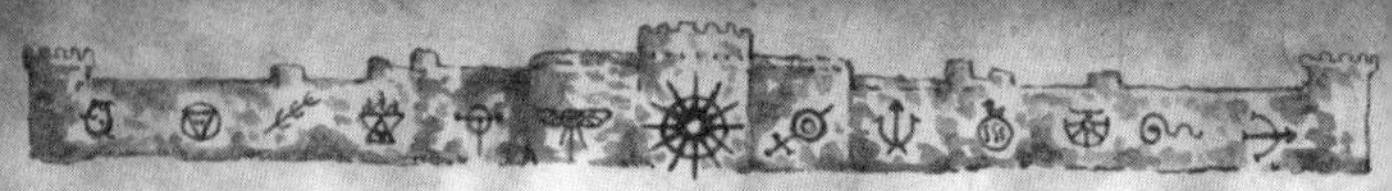

Schutz ist wichtig, denn die Gefahren für Leib, Leben und Seele sind mannigfaltig, und jeder wird sicherlich Situationen kennen, in denen er oder sie des Beistands anderer bedurfte, weil ein Unglück geschehen war oder Gefahren drohten, die alleine nicht zu bewältigen waren. Bist du in der Fremde und willst du neue Anhänger zum wahren Glauben bekehren, so ist der Schutz, den die Zwölfe uns bieten, ein gewichtiger Punkt. Nicht zuletzt, da neuen Gläubigen, die sich von ihren alten Überzeugungen abgewandt haben, oft Gefahr durch ihre ehemaligen, noch nicht von unserem Glauben überzeugten Brüder und Schwestern droht.

Nicht verschweigen möchte ich, dass der Schutz der Gläubigen manchmal auch schwere Opfer fordert. Auch wenn es schon viele Jahre zurückliegt, überkommen mich dennoch immer wieder die Erinnerungen an den Tag, als das Kloster Marano im Ansturm der Orken fiel. Ich erlebte, wie meine Eltern, Geschwister, wie die ganze Gemeinschaft des Klosters im Kampf mit den Schwarzpelzen fiel, und die Trauer um ihren Tod lässt mein Herz noch immer schwer werden. Doch entscheidende drei Tage hielten die Gefallenen die mordende Meute auf und retteten damit die Kaiserstadt Gareth und wohl das ganze Raulsche Reich, denn dank der durch ihr Opfer gewonnenen Zeit konnte der Reichsbehüter rechtzeitig ein Heer zusammenziehen, das die Schwarzpelze schließlich auf den Silkwiesen schlug.
Der Tod mag also als höchstes Opfer zum Schutz der göttlichen Ordnung gefordert sein, doch sollte dieses niemals leichtfertig erfolgen. Das Märtyrertum als solches ist kein Selbstzweck, denn das Leben ist ein Geschenk der Zwölfe, das aufzugeben nur in den ausweglosesten Situationen ge-

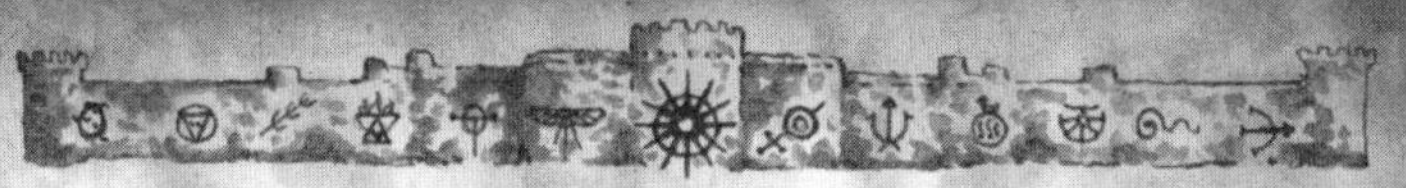

rechtfertigt ist. Wer dies nicht berücksichtigt, verstößt nicht nur gegen die Gebote der Herrin Tsa, auch Rondra und Kor schätzen niemanden, der sein Leben leichtfertig in die Hände des Herrn Boron legt, denn es sind die Lebenden, die weiter für die göttliche Ordnung kämpfen und die Zukunft der Gemeinschaft sichern.

Schutz durch die Ordnung der Götter

Die Grundlage des Schutzes der Gläubigen wie des Glaubens bieten die geschriebenen und ungeschriebenen Gesetze, die selbst einen Abglanz der göttlichen Ordnung darstellen und die unter Praios' besonderem Schutz stehen. Sie sind es, die uns allen im tiefsten Inneren unserer Seele sagen, ob etwas gut oder böse, recht oder unrecht, tugendhaft oder tadelnswert ist. Tun wir selbst etwas Schlechtes oder erleben wir Unrecht um uns herum, so ist es unser Gewissen, das uns an das Gute und Richtige gemahnt. Würde jeder sich um sein reines Gewissen bemühen, wir bräuchten wohl keine geschriebenen Gesetze und das Leben auf Dere gliche dem in den göttlichen Paradiesen. Doch fehlbar, wie wir sind, geben wir manchmal den Feinden der Ordnung Zugang zu unserer Seele und korrumpieren so unseren moralischen Wegweiser.

Um klar zu zeigen, was Recht und was Unrecht ist, gab Praios uns deshalb die weltlichen Gesetze. Diese sind die moralische Richtschnur, an die sich alle ihnen Unterworfenen zu halten haben, damit nicht Hader und Zwist die Gemeinschaft gefährden können. Auch die weltlichen Herrscher unterliegen dem göttlich gegebenen Recht, selbst wenn ihre Richter die Götter selbst sind, und nicht Sterbliche, wie bei ihren Unter-

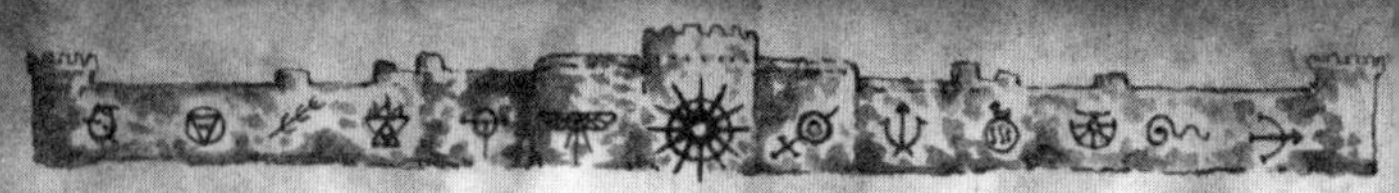

gebenen. Daher schützt die göttliche Ordnung auch die einfachen Menschen vor Willkür, was dir gerade in Despotien Argumente an die Hand gibt, Zweifelnde vom Glauben an die Zwölfe zu überzeugen.
Schriftliche Gesetze reichen jedoch nur soweit wie der Arm eines Gerichtes, das ihre Einhaltung fordert. Gerade in der Wildnis zählt das geschriebene Wort schnell wenig, doch auch hier lässt uns die Ordnung nicht im Stich. Die geschriebenen Gesetze sind schließlich nur ein Widerschein der erwähnten ungeschriebenen Gesetze in unserem Inneren. Wer also nur tief in sich hinein hört, der wird auch weit entfernt von Städten und Zivilisation erkennen, was gut und richtig ist, und so folgt das Handeln der meisten Geschöpfe dort in der Tat auch den gleichen Gesetzen, wenn vielleicht auch oft unbewusst.

Ein Beispiel für solch ein ungeschriebenes Gesetz ist die Gastfreundschaft am Lagerfeuer, die ganz im Sinne der Herrin Travia ist. Unter der Führung der Götter wird niemand am Lagerfeuer abgewiesen, das Schutz und Sicherheit wie das Heim im Dorf oder in der Stadt bietet, denn die Gebote der Herrin Travia fordern dies. Auch wird man unschuldig in Not Geratenen hier beistehen, so wie die Herrin Rondra es von uns fordert. Andererseits gilt in der Zivilisation wie in der Wildnis ebenso, dass jeder die eigenen Fähigkeiten richtig einschätzen und sich dabei vor allem nicht überschätzen soll. Wer sich trotz Warnung in ein Unglück stürzt, das zu groß für ihn ist, wie in eine Reise in gefährliches Gebiet ohne die nötige Ausrüstung oder Erfahrung, der wird die Folgen selbst zu tragen haben, so sagen es uns die Gebote des Herrn Firun und auch des Herrn Phex.

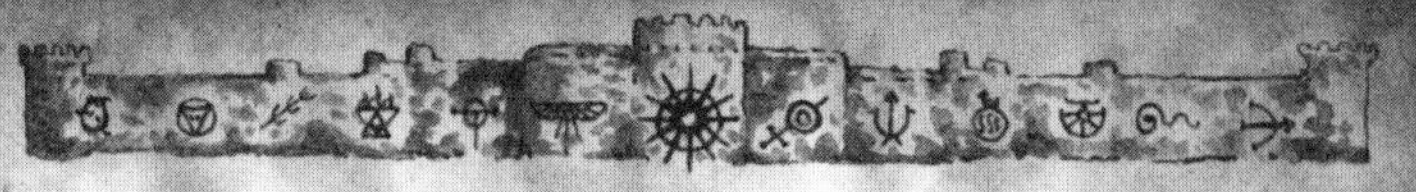

Schutz durch die Kraft der Götter

Die göttlichen Gesetze sorgen dafür, dass die meisten Sterblichen ihr Leben gut und richtig führen. Doch die Verführungen der Niederhöllen und das verderbte Treiben des Namenlosen sind stete Bedrohungen, die an den Grundfesten der Ordnung nagen und manchen in seinem Tun straucheln lassen. Um uns vor diesen Gefahren zu schützen, haben die Götter ihre würdigsten Diener mit einem Hauch ihrer göttlichen Kraft ausgestattet, damit diese zu unserem Wohl eingesetzt werde. Gehörst du zu diesen Erwählten, dann verfügst du damit über eine mächtige Fähigkeit, den Sterblichen das Wesen der Götter erlebbar zu machen.

Mirakel

Alle geweihten Götterdiener können die göttliche Kraft einsetzen, wenn sie ein göttergefälliges Werk vollführen. Sie müssen dazu die Unsterblichen nur um ihren Beistand bitten. Diese Mirakel oder kleinen Wunder sind die einfachste, dafür aber sehr vielseitige Möglichkeit, die ihnen verliehene karmale Kraft zu nutzen. Eine Tat, die so vollbracht wird, zeigt stets, dass die Unsterblichen hierzu ihre Hilfe gegeben haben. In der von ihnen gegebenen Kraft steckt immer auch ein winziger Bruchteil ihres ureigenen Wesens, der sich in Lichtern, Geräuschen und Gerüchen im Diesseits manifestiert. Willst du Gläubigen oder Ungläubigen die Macht der Zwölfe zeigen, bieten die Mirakel deshalb eine gute Möglichkeit.

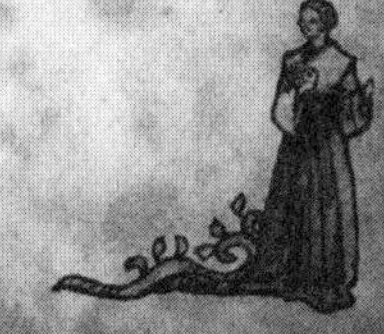

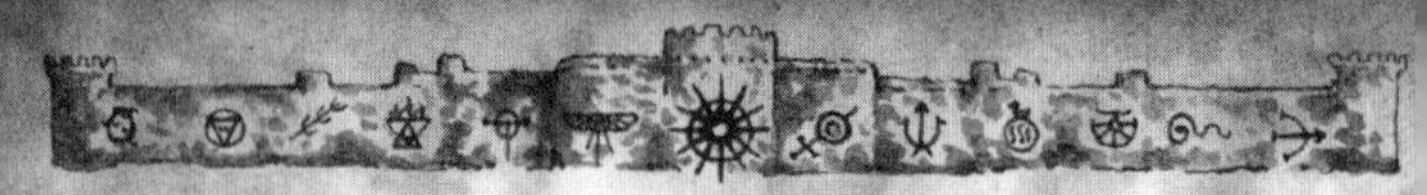

Segnungen

Der häufigste Einsatz der göttlichen Kraft dürfte wohl mit jenen zwölf Segnungen geschehen, die als gemeinsames Geschenk der Zwölfe an uns auf das wunderbarste den Wert der zwölfgöttlichen Gemeinschaft zeigen. Jede Segnung für sich alleine hat nur für einen kleinen Teil unseres Lebens Bedeutung, gemeinsam begleiten sie uns aber von der Geburt, ab der wir dank Tsas Segen geschützt vor dem Wirken böser Wesen aufwachsen können, bis zum Tod, wo unsere sterbliche Hülle dank Borons Segen eine geschützte letzte Ruhestelle erwarten darf. Die Segnungen sind so für uns Sterbliche wiederkehrende Erinnerungen daran, dass die Zwölfe uns stets helfend und schützend begleiten.

Liturgien und Zeremonien

Eine stärkere Möglichkeit, die göttliche Kraft einzusetzen, findest du im liturgischen Wirken, wobei dieses jedoch in einem festeren Rahmen geschieht. Viele Liturgien sind so speziell, dass nur Geweihte mancher Kirchen sie wirken können. Einige sind jedoch der gesamten Gemeinschaft zugänglich und zeigen so die gemeinsame zwölfgöttliche Basis.

Eine Reihe von Liturgien dienen direkt dem Schutz der Gemeinschaft: Die *Initiation* schützt die Seelen der Heranwachsenden, sobald sie als vollständige Mitglieder in die zwölfgöttliche Gemeinschaft aufgenommen werden. Durch die *Tempelweihe* werden Häuser, in denen wir zu den Zwölfen beten, mit ihrem Segen erfüllt, sodass nichts Böses darin Bestand hat. Der *Schutzsegen* hält unheilige Wesen fern, auf

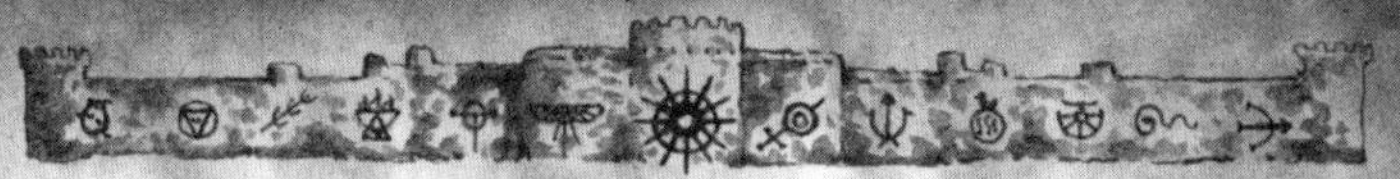

dass sie den Gläubigen nichts anhaben können, und wenn eines doch von einer Seele Besitz ergriffen hat, können wir es mit einem *Exorzismus* wieder vertreiben.
Andere Liturgien schützen die Gemeinschaft der Gläubigen eher indirekt. Um Frevler in unserer Mitte zu erkennen, kann ein Geweihter eine *Seele prüfen*. Zeigt sich jemand unbelehrbar und aufrührerisch gegenüber der göttlichen Ordnung, so kann man ihm mittels des *Heiligen Befehls* zeigen, dass sein Wille nicht über den Göttern steht. Dem Frevler können auch mittels eines *Banns die Gaben der Götter* entzogen werden, um zu zeigen, dass er nichts ist ohne die Götter und deren Gunst. Verweigert er sich aber auch dieser Warnung, so kann er schließlich durch die *Exkommunikation* aus der Gemeinschaft der Anhänger der Zwölfe ausgeschlossen werden.

Alles liturgische Wirken stellt eine machtvolle Präsentation der Stärke der Götter dar. Daher sollte es niemals leichtfertig eingesetzt werden, denn es verliert diese besondere Auszeichnung, wenn es für die Sterblichen zum alltäglichen Ereignis wird. Gezielt eingesetzt, unter Einbindung der Gläubigen in die Gebete und Zeremonien, sind diese Manifestationen der göttlichen Macht aber hervorragend geeignet, um das Vertrauen in die Götter zu stärken.

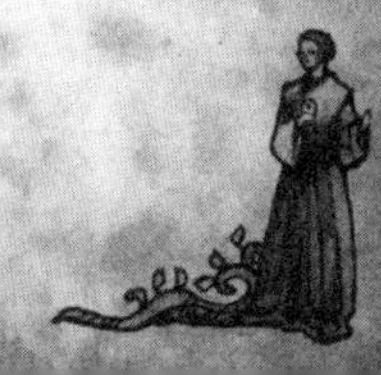

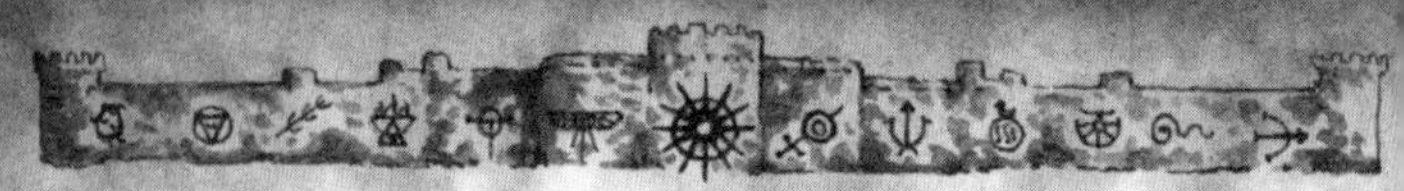

Schutz durch die Diener der Götter

Auch wir Diener der Götter sind für den Schutz der Gläubigen und des Glaubens verantwortlich. Der bewaffnete Schutz obliegt dabei zuvorderst dem Schwertbund der Herrin Rondra. Doch als Gemeinschaft sind alle von uns, die dazu fähig sind, im Ernstfall dazu aufgerufen, dem Schwertbund beizustehen. Gerade, wenn es gegen niederhöllische Gegner geht, darf es kein Zögern und kein Zaudern geben, denn diesen Feinden der Ordnung geht es um nichts weniger als den Untergang unserer Welt.
Für Prediger oder Missionare in der Fremde wird der bewaffnete Arm unserer Gemeinschaft jedoch oftmals weit entfernt sein. Deshalb sollte ein jeder von uns sein eigenes Leben verteidigen können. Doch auch die Hilfe Fremder anzunehmen, ist in diesem Fall keine Schande. Im Gegenteil mag ein solcher Kontakt die erste Gelegenheit sein, diesen von den Zwölfen zu berichten, wenn durch den Kontakt Vertrauen aufgebaut wird.

Neben dem Schutz vor dem äußeren Feind ist auch der innere ein Gegner, der nicht unterschätzt werden darf. Ich rede dabei vom Zweifel, der nach Schicksalsschlägen oder durch dunkle Einflüsterungen Einzug in die Köpfe der Gläubigen halten kann. Hier ist deine Aufgabe als Seelsorger gefragt, die Zweifelnden zu finden und auf den rechten Weg zurückzuführen. Dabei ist es unerlässlich, dass die Gemeinschaft dir vertraut, denn nur dann werden sie mit ihren Zweifeln zu dir kommen, sodass du ihnen beistehen kannst.

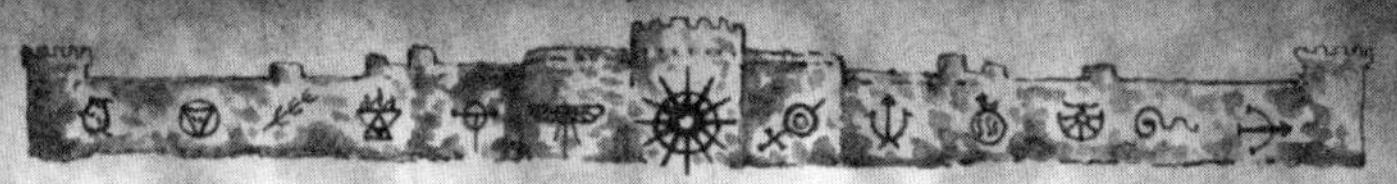

Unterschätze die Sorgen der Gläubigen nicht. Ihre einfachen Probleme mögen dir auf den ersten Blick unwichtig erscheinen, doch fühlen die Menschen sich mit ihren Ängsten nicht ernst genommen, bieten diese den Nährboden für Unfrieden, Wut oder gar Hass. Ein Konflikt unter Nachbarn, der nicht geschlichtet wird, kann eine ganze Dorfgemeinschaft spalten. So entzweit und von negativen Gefühlen beherrscht, bieten sich Möglichkeiten für die Ränkespiele der Feinde der göttlichen Ordnung. Diese werden versuchen, jeden Zwist als Argument für die scheinbare Unvollkommenheit oder gar Ungerechtigkeit der göttlichen Ordnung zu nutzen. So schüren sie Zweifel, vergrößern die Risse im Fundament des Glaubens, bis dieses einstürzt und so eine weitere Seele von ihren Machenschaften verdorben wurde. Deine Aufgabe als Seelsorger umfasst deshalb weit mehr als nur das Bemühen um ein friedliches Zusammenleben, denn dieses ist zugleich der beste Schutz für die Seelen der Gläubigen.

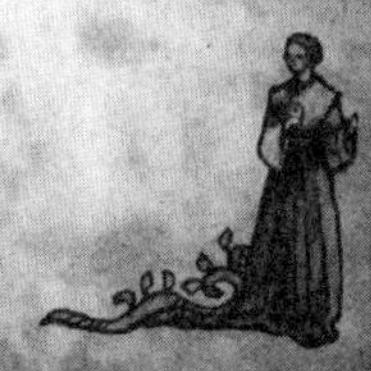

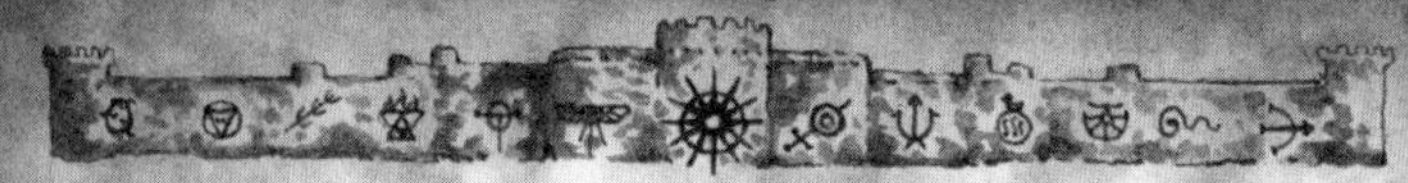

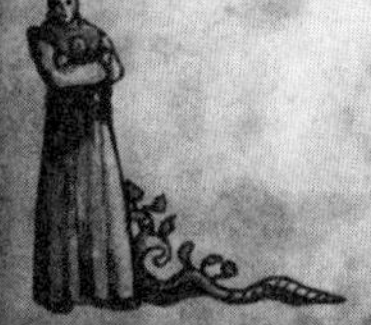

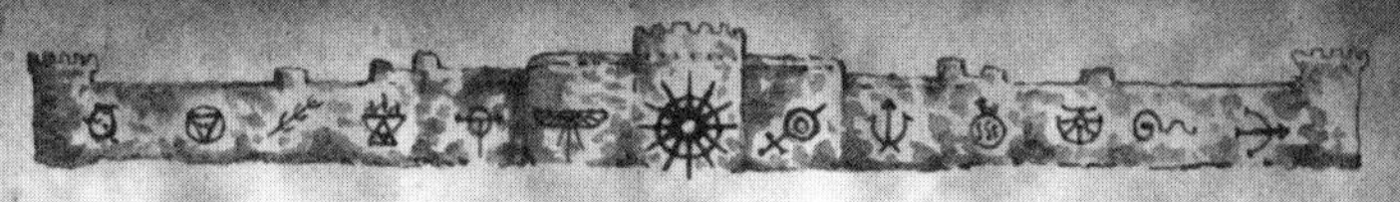

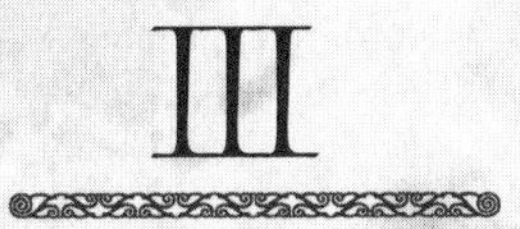

Efferds Weite
An allen Küsten zuhause

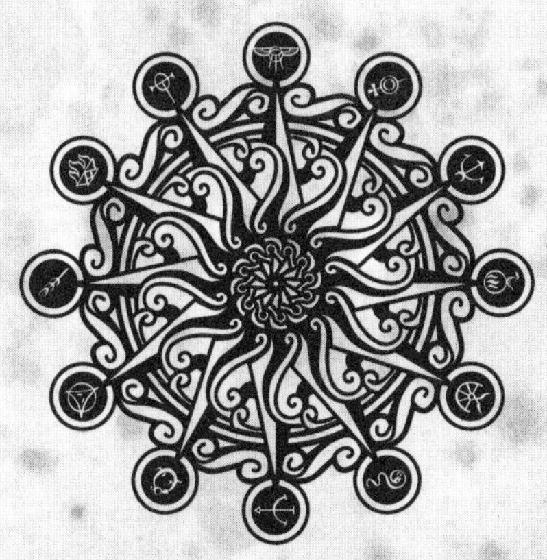

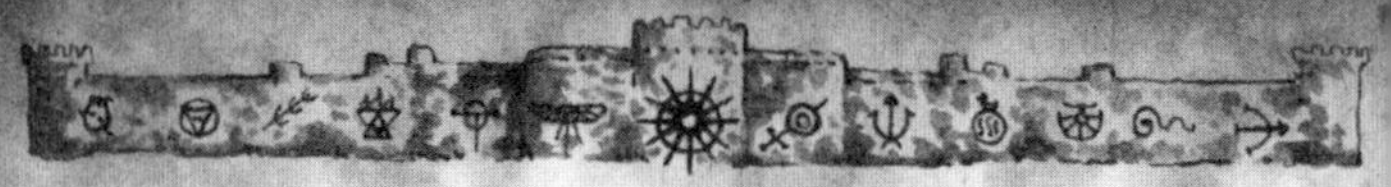

Die Zwölfe wachen über die ganze Welt, und so gilt auch für uns, dass wir den Glauben in alle Winkel Deres tragen wollen. Doch heißt dies nicht, dass wir dieses Ziel in kurzer Zeit erreichen müssen. Um stark zu sein, dürfen wir unsere Wurzeln nicht vergessen und müssen unsere Ziele an unseren Möglichkeiten orientieren. So findest du den Großteil unseres Ordens und alle großen Niederlassungen in den Gebieten des alten und des neuen Kaiserreichs, doch blicken wir nach den Entdeckerfahrten der letzten Jahre inzwischen sogar in Richtung der neuentdeckten Länder jenseits von Efferds Gestaden.

Im Folgenden geht es somit vor allem um unsere drei wichtigsten Klöster – unseren Hauptsitz Mantrash'Mor, das Wehrkloster Göttertrutz und das kleine Kloster Sancta Lames in Belhanka – und um das wieder im Aufbau befindliche Kloster Marano. Neben diesen Zentren unseres Ordens widme ich mich am Ende aber auch noch der Frage, was dir als Bündler jenseits von diesen Orten auf Reisen eine Heimstatt bieten kann.

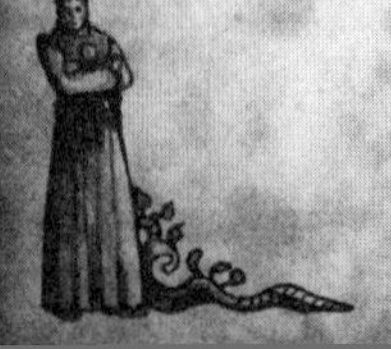

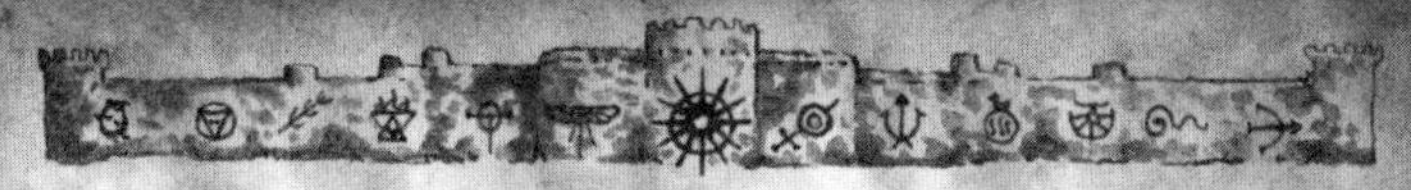

Mantrash'Mor

An den Hängen der Goldfelsen, im Yaquirbruch nahe der Stadt Oberfels, befindet sich der Hauptsitz unseres Bundes, das Kloster Mantrash'Mor. Die Gegend ist seit den horasischen Thronfolgekriegen unsicherer geworden, doch Erzäbtissin Illumnestra XII., unser aller Oberhaupt, ist bei ihren Nachbarn hoch angesehen, sodass das Kloster ein sicherer Zufluchtsort für alle Pilger ist.

Der Name ist uralt und entstammt dem alten Tulamidischen. *Mantra* steht für eine Hymne oder Zauberformel, *Ras* oder *Rash*, je nach Zusammenhang, für Lösung, Kopf, Oberhaupt oder Fund. *Mor* bedeutet in etwa *wundersamer Anblick*. Was genau der Name in dieser Zusammensetzung bedeuten soll, ist aber heute nicht mehr bekannt.

Gegründet wurde das Kloster vor über 1.500 Jahren, als Illumnestra I. sich mit ihren Anhängern dort niederließ und die schon existierenden Höhlen vor Ort bezog. Diese wurden im Laufe der Jahre immer weiter ausgebaut, sodass inzwischen neben Räumlichkeiten für dauerhafte Bewohner und Pilger Kapellen für alle Zwölfgötter vorhanden sind, die auch Schreine aller Halbgötter enthalten. Im Innersten befindet sich die Kammer der Prophezeiung, der Ort, an dem die Illumnestra meditiert und Visionen empfängt. Auch eine gut gesicherte Schatzkammer nennt das Kloster sein eigen, verwahrt es doch unter anderem die Urschrift der Kosmogonika und eine Erstabschrift des Silems-Horas-Edikts.

Die Verwaltung der Anlage liegt in den Händen von Miron ab Djugan'Kaij, einem Geweihten der Herrin Hesinde, der ursprünglich aus Mengbilla stammt. Berühmt ist das Kloster

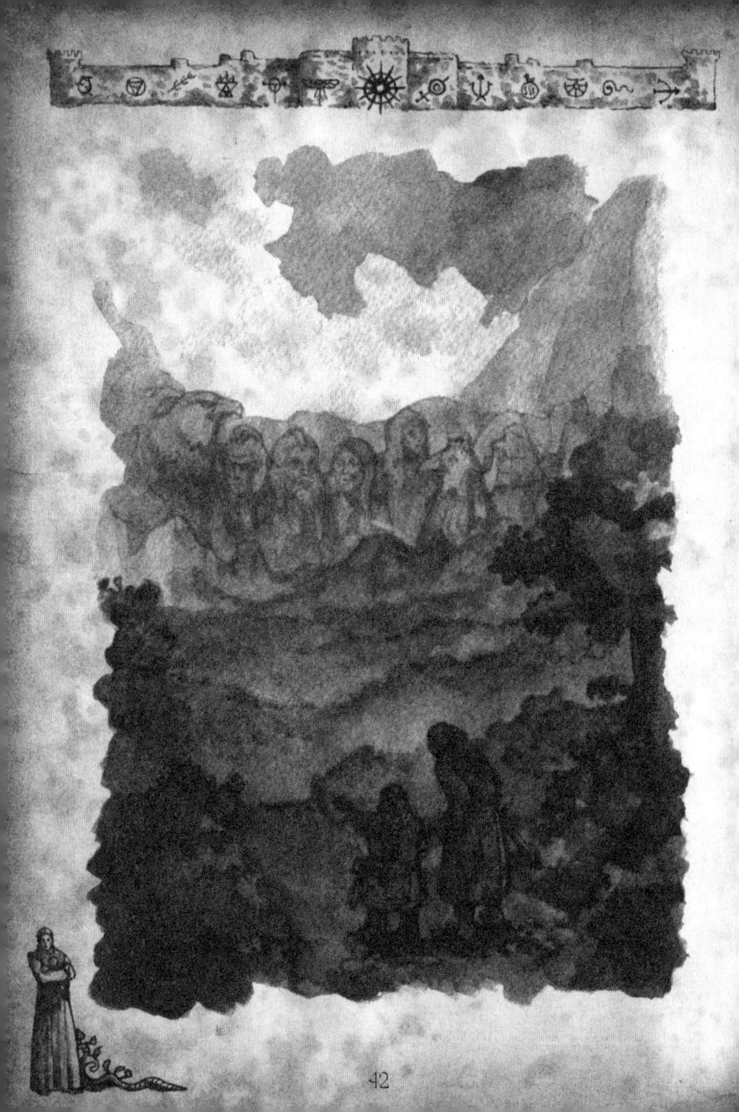

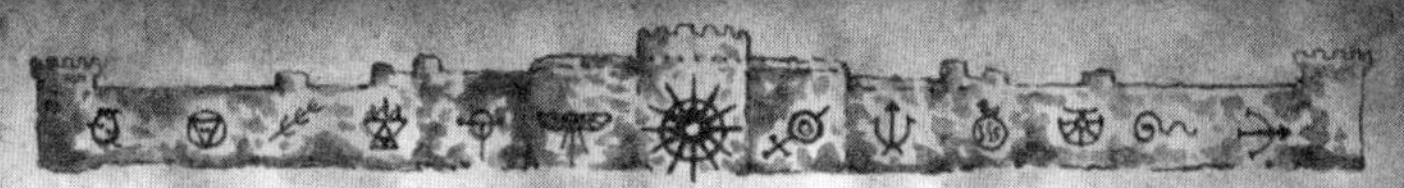

bei vielen Reisenden aber vor allem wegen des Zwölfgöttermonuments, das in den Stein der Berge über ihm geschlagen wird. Dieses ist zwar noch lange nicht fertiggestellt, doch die bereits vollendeten Köpfe von Praios, Rondra, Efferd, Travia und Hesinde, sowie die sich momentan im Bau befindlichen von Boron und Firun, sind eine von Weitem sichtbare Landmarke, die Pilgern den Weg zum Kloster leicht macht.

Göttertrutz

Das jüngste, aber inzwischen zweitwichtigste Kloster des Ordens liegt südwestlich des tobrischen Perainefurten am Ufer der Tobimora. Das Wehrkloster wurde vom Zwölfgöttlichen Konzil wider die Finsternis zu Perainefurten geplant, in dem unsere Brüder und Schwestern die Zusammenarbeit der Kirchen gegen die tobrischen Dämonenknechte unterstützen. Die Kirchen aller Zwölfe haben das Gelände gesegnet, zwölf Bannstelen halten die dämonischen Schrecken aus dem südlich liegenden Yol-Ghurmak, dem ehemaligen Ysilia, vom Kloster fern.

In nur sechs Jahren wurde der Bau vollendet, sodass er seit 1028 BF Schutz gegen schwarztobrische Schrecken, aber auch einen sicheren Ausgangspunkt für Questen gegen den Feind bietet. Die Leitung hat Äbtissin Thalia aus Kutaki inne, eine Geweihte des Herrn Ingerimm, die auch ein Garant für die Zusammenarbeit der zwölfgöttlichen Gemeinschaft im Konzil ist.

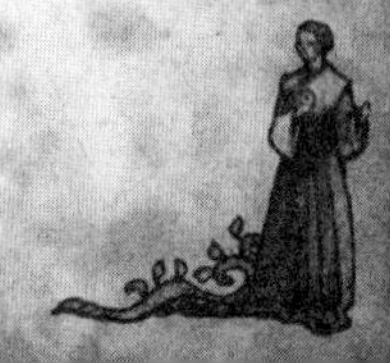

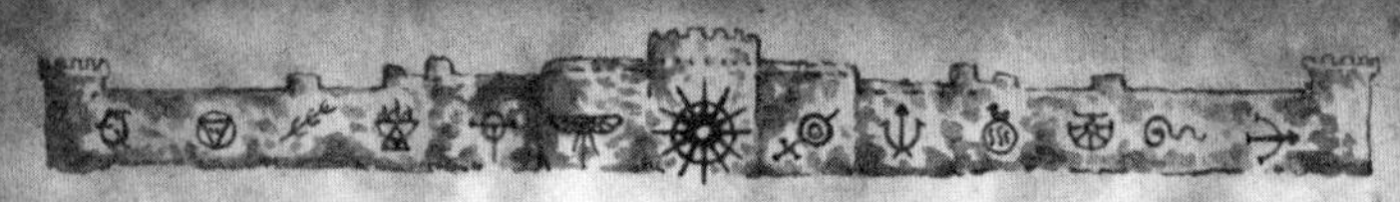

Sancta Lamea

Schon seit einigen Jahrzehnten gibt es in Belhanka das kleine Kloster Sancta Lamea, erbaut auf einer Insel, die bei Ebbe sogar trockenen Fußes vom Festland aus erreicht werden kann. Die dem Gefolge der Herrin Travia zugerechnete Heilige Lamea, Gattin des heiligen Horas, genießt dort die besondere Verehrung unserer Brüder und Schwestern. Als eine der ersten Güldenländer soll sie den Kontinent Aventurien erforscht haben. Zusammen mit der Mutter des Heiligen, Gylduria ya Glasal, folgte sie demnach ihrem Gatten aus dem Güldenland in die Neue Welt, nachdem er dort verschollen war, und musste bis zum Wiedersehen 69 gefährliche Aufgaben bestehen.
Eine andere Legende besagt dagegen, sie sei erst nach der gemeinsamen Ankunft mit Horas in Aventurien zur Reise gezwungen gewesen, da finstere Magie sie voneinander getrennt habe. Im Gedenken an die verehrte Lamea beherbergt das Kloster eine große Sammlung derographischer Werke und Reiseberichte.
Unter unseren Brüdern und Schwestern dort finden sich viele, die, wie die amtierende Illumnestra, der Herrin Rahja geweiht sind, so auch der Abt des Klosters, Gismondo Bellarini. Leidenschaftlich setzt er sich dafür ein, den Glauben an die Zwölfe auch in die entferntesten Winkel Deres zu tragen, wobei der Wissensschatz des Klosters für die Planung solcher Fahrten eine große Hilfe darstellt.
Nach den zurückgekehrten Expeditionen aus dem fernen Güldenland und zuletzt auch aus Uthuria stellt sich uns die berechtigte Frage, wie wir den Glauben an die Zwölfe auch in diese fernen Länder tragen können, in denen, den Berichten

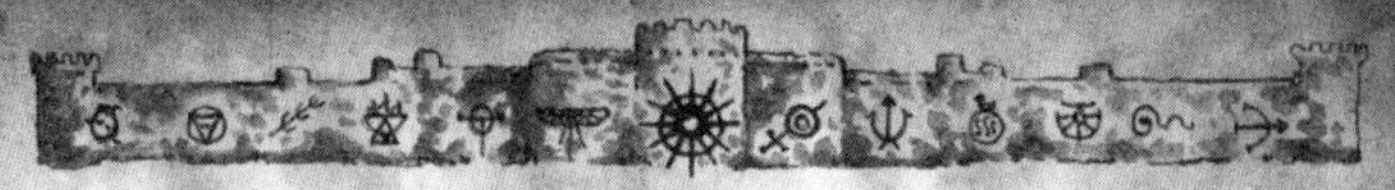

der Expeditionsteilnehmer zufolge, die Verehrung von Götzen leider noch die Regel ist. Eine Hilfe dabei wird hoffentlich dieses Vademecum sein, dessen Verfassen vom Abt großzügig gefördert wurde.

Marano

Das Kloster Marano lag in Garetien, nahe der Kaiserstadt Gareth. Am 7. Tsa 1012 BF fiel es an die Orken, nachdem unsere Brüder und Schwestern das orkische Invasionsheer zuvor drei Tage aufgehalten hatten und es so dem Reichsbehüter Brin ermöglichten, ein Heer zu den Silkwiesen zu führen und dort den dritten Orkensturm zu beenden. Ich überlebte damals, gerade acht Götterläufe alt, das Massaker an den Bewohnern Maranos, denn ich sollte die Botschaft der Niederlage in die Kaiserstadt bringen. Ein Entsatzheer unter der Zweimühlener Landgräfin Ragnar der Roten, das dem Kloster beistehen sollte, kam zwar zu spät für dessen Rettung, fand jedoch mich und brachte mich zu Brüdern und Schwestern in Gareth. Statt Verzweiflung zu säen, stärkte die Nachricht des Widerstands der tapferen Brüder und Schwestern aber den Mut der Kämpfer vor Gareth.
Die Ruinen Maranos lagen lange danieder. Seit einigen Jahren wird allerdings am Wiederaufbau des Klosters gearbeitet, dieser kommt aber bislang nur langsam voran. Andere Aufgaben waren lange Zeit wichtiger, doch inzwischen sind die Schwarzen Lande weitestgehend bezwungen, und der Sternenfall verdeutlicht uns jüngst aufs Neue die Wichtigkeit der göttlichen Gemeinschaft. Es besteht also Grund zur Hoffnung, dass der Wiederaufbau nun schneller voranschreiten wird.

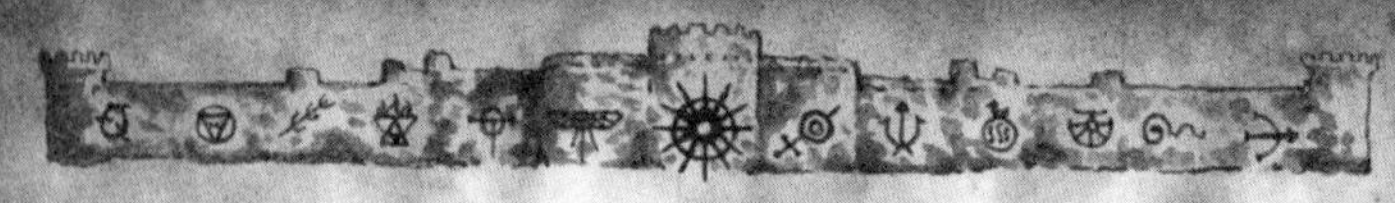

Wanderschaft

In unseren Reihen bilden Wanderprediger eine feste Größe, denn nur mit ihnen können wir unsere Aufgaben wirklich erfüllen. Die Klöster bilden eine solide Basis, doch erst außerhalb ihrer Mauern treffen wir auf diejenigen, die unseren Rat und unsere Hilfe am meisten benötigen. Die Klöster erhalten so zudem auch regelmäßig Nachrichten aus den Dörfern und Städten. Einige Brüder und Schwester ziehen sogar noch weiter, bis in die Länder, in denen der Glaube an die Zwölfe schwach oder gar unbekannt ist, um dort die Saat des Glaubens zu legen.

Auf Wanderschaft zeigt sich stets aufs Neue die Stärke unserer Gemeinschaft: Auch wenn wir außerhalb der Klöster kaum eigene Häuser unser eigen nennen, bietet uns dennoch jeder Tempel der Zwölfe eine Heimstatt, in der wir freundliche Aufnahme erwarten können. So kommen wir außerdem mit allen Teilen der göttlichen Familie in Kontakt, was gerade für jüngere Bundesmitglieder eine wichtige Erfahrung darstellt. In Gareth befindet sich eine unserer wenigen Niederlassungen neben den Klöstern: Das Kollegium der Zwölfgötter hilft bei der Zusammenarbeit der Kirchen, berät die Kaiserin und gibt das bekannte Brevier der zwölfgöttlichen Unterweisung heraus.

Doch auch jenseits der geheiligten Hallen von Klöstern und Tempeln finden sich Orte, die besonders vom Wesen der Zwölfe durchströmt werden und die uns so, obwohl eigentlich fremd, eine Heimstatt bieten. Allerdings ziehen solche Orte auch die Feinde der göttlichen Ordnung an, die in ihnen nicht selten leichte Ziele sehen, um der zwölfgöttlichen Gemeinschaft zu schaden. So existierte einst auf der fernen

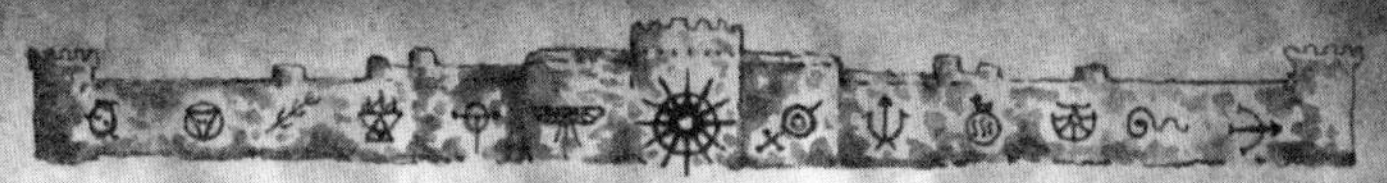

Insel Altoum das Orakel von Altaïa, das Hesinde, Efferd und Phex geheiligt war. Doch der Dämonenmeister Borbarad hatte es auf diesen Ort abgesehen und entsandte Ende 1017 BF seine Schergen, die das Tal um das Orakel in Schutt und Asche legten. Altaïa ist heute ein verheerter Ort, doch Los' Schöpfung ist groß, und die Zwölfe sind ihr Hüter. Egal, wie weit es dich in die Fremde führen wird, halte die Augen offen, und du wirst Plätze finden, die uns Dienern der Zwölfe eine Heimstatt bieten.

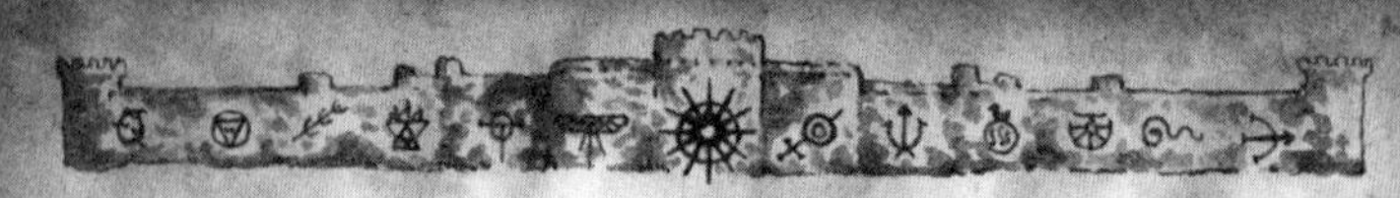

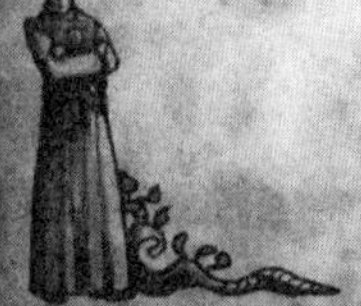

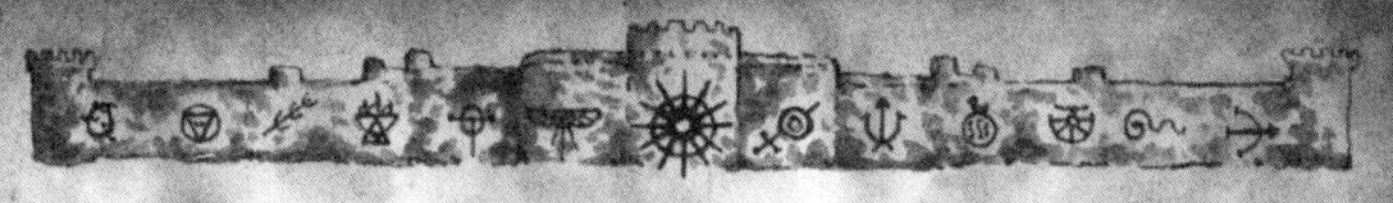

IV

Travias Familie

Teil werden und Teil sein

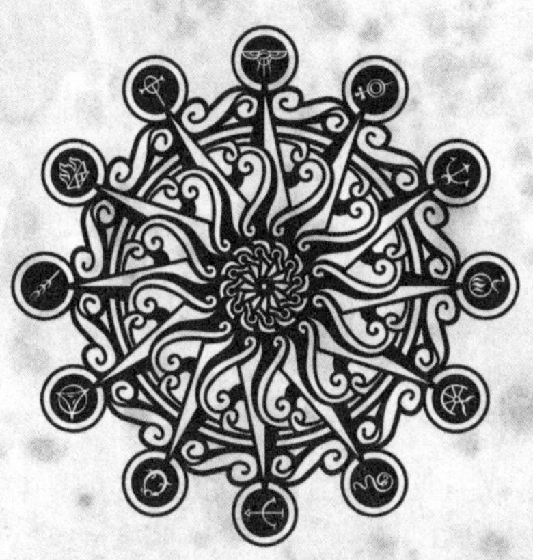

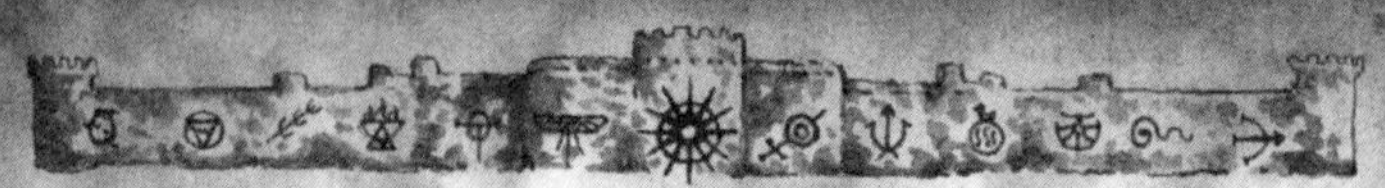

Als Mitglied unseres Bundes wirst du wissen, wie sich das Leben in unseren Reihen gestaltet, doch so vielfältig wie unsere Gemeinschaft ist, wird es einige Facetten geben, die für dich bisher noch nicht von Bedeutung waren. Sollte es dich in die Ferne ziehen, um neue Gläubige zu bekehren, wirst du vielleicht auch neue Mitglieder für unseren Bund finden. Doch gibt es hohe Ansprüche, die das Leben im Bund mit sich bringt, und nicht jeder ist dazu bereit, diese auch als die eigenen anzunehmen und zu erfüllen.
Überlege also gut, wen du an den Bund heranführen willst, nutze aber die Gelegenheit, sollte sie sich bieten. Denn soll unsere Gemeinschaft wachsen und gedeihen, brauchen wir auch in heute noch fremden Gegenden Mitglieder, die für die Zwölfe und ihre Gesetze eintreten. Zur Erinnerung daran, was du ihnen über unser Leben sagen kannst, wird sich dieses Kapitel mit genau diesem Aspekt beschäftigen.

Vom Leben im Kloster

Das tägliche Leben der Gemeinschaften unserer drei Klöster unterscheidet sich teilweise recht deutlich voneinander, doch gibt es einige Gemeinsamkeiten, die vor allem den Tagesablauf betreffen. Vier Zeiten gibt es, in denen die Gemeinschaft zusammenkommt, dazwischen liegen drei Abschnitte, die jeder für die eigenen Aufgaben nutzt.

Der Tag beginnt zur Morgendämmerung mit dem Laudes, dem ersten Götterdienst. Bei uns predigen geweihte wie auch ungeweihte Mitglieder. Die Götterdienste werden außerdem zu Ehren aller Zwölfe abgehalten, doch steht normalerweise jeder Tag unter dem besonderen Schutz eines von ihnen, aus

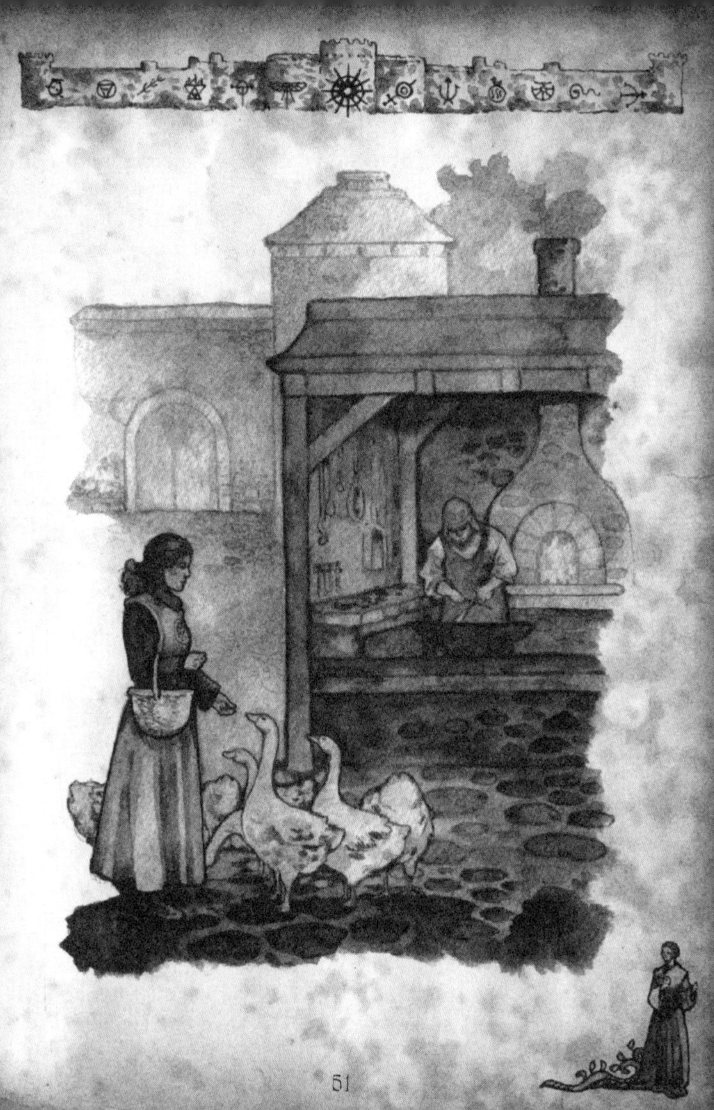

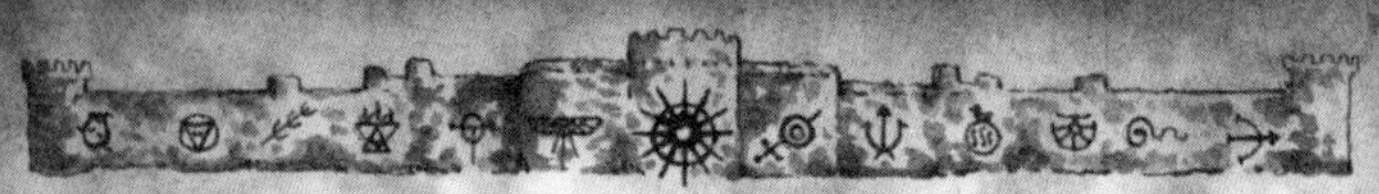

dessen heiligen Schriften dann oft auch die Predigt stammt. Die Regeln dazu, welcher Tag unter wessen Schutz steht, legt jedes Kloster für sich fest. In Göttertrutz beispielsweise folgen die Zwölfe normalerweise regelmäßig aufeinander, während hier in Mantrash'Mor vor allem die Geburts- und Todestage wichtiger Heiliger die Reihenfolge vorgeben. Steht der besondere Feiertag eines Gottes an, so ist dieser jedoch ungeachtet der sonstigen Regel auch Tagespatron. Ebenso kann ein Abt bei besonderen Anlässen die Reihe verändern. Häufiger werden solche Anlässe, wie der Beginn größerer Arbeiten, der Beginn der Aussaat oder das Schließen eines Traviabundes, aber so gelegt, dass sie auf den Tag der passenden Gottheit fallen.

Nach dem morgendlichen Götterdienst folgt das gemeinsame Frühstück. Diesem schließt sich der Beginn der täglichen Arbeiten an. Was dann genau geschieht, hängt von dem Kloster, den anstehenden Aufgaben und der Rolle des Einzelnen ab. Sowohl alltägliche Arbeiten in der Küche, auf den Feldern oder in den Werkstätten finden unter Mithilfe der Novizen statt, als auch spirituelle Beschäftigungen, wie Meditation und das Studium von Schriften.

Erreicht die Praiosscheibe ihren höchsten Stand, versammeln sich alle zu einer kurzen Andacht, bei der Texte aus den heiligen Schriften vorgelesen werden. Anschließend stärkt sich jeder mit einem kleinen Mahl für den weiteren Tag.

Im zweiten Tagesabschnitt werden die angefangenen Arbeiten fortgesetzt. Nun erfolgt auch die Unterweisung der Novizen, sowohl in der zwölfgöttlichen Lehre, als auch in praktischen Arbeiten. Dies dauert an, solange die Sonne über dem Horizont steht.

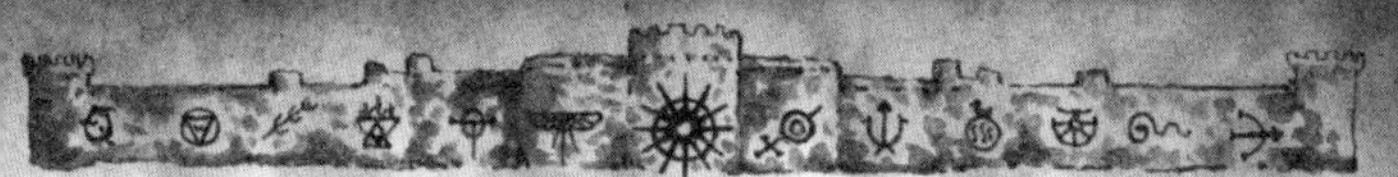

Mit Einsetzen der Abenddämmerung beginnt die Vesper: Alle kommen zum abendlichen Götterdienst zusammen, an den sich die Hauptmahlzeit des Tages anschließt. Die Zeit nach der Vesper dient den Bundesmitgliedern zum freien Austausch, zur Meditation oder zum Studium von Schriften. Insbesondere die Novizen nutzen diese Zeit, um ihnen aufgegebene Übungen durchzuführen.

Mit einer letzten Andacht unter dem Sternenhimmel, meist etwa zwei Stunden nach Ende der Vesper, endet der Tag, und mit Ausnahme der Wachen ziehen sich dann alle zum Schlafen zurück.

Dieser übliche Tagesablauf wird nur unterbrochen, wenn besondere Feiertage anstehen. Ob es das hesindianische Erleuchtungsfest, der rondrianische Tag des Schwurs oder das rahjanische Fest der Freuden ist, an solchen Tagen drehen sich die Arbeiten um das Begehen dieser Feierlichkeiten.

Auch in den Namenlosen Tagen zwischen den Jahren ist der Tagesablauf deutlich anders. Hier ruhen alle Aufgaben, denn nichts Gutes sollte nun begonnen werden, und die Gemeinschaft verbringt die Zeit innerhalb der Klostermauern im innigen Gebet. Auch schutzbedürftige Reisende werden für diese Zeit in die Gemeinschaft aufgenommen.

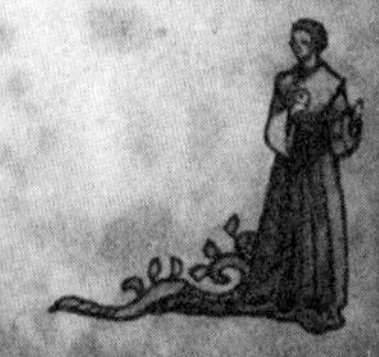

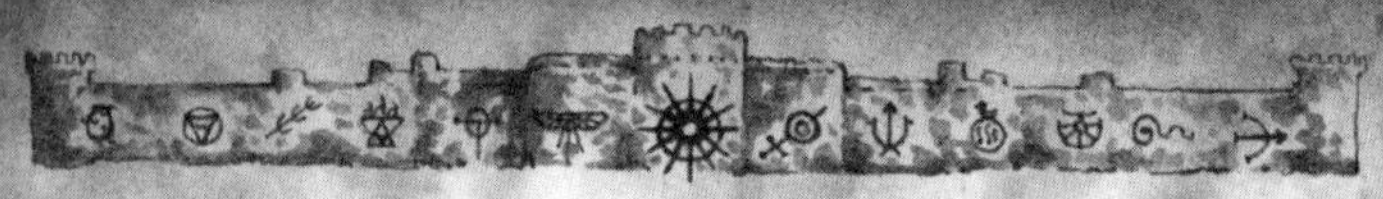

Vom Leben auf Wanderschaft

Wer nicht innerhalb der Klostermauern lebt, sondern als Wanderprediger umherzieht, dessen Tagesablauf ist notwendigerweise stärker von den jeweiligen Möglichkeiten abhängig, die sich bieten. Dennoch sollten die beiden Götterdienste und die beiden Andachten Ankerpunkte bleiben, selbst wenn sie nur alleine begangen werden. Oft finden sich aber andere Gläubige, die man als Reisender einbinden kann, oder man ist Gast in einer Gemeinschaft und kann an deren Gottesdienst teilhaben. Da dieser dann meist vor allem der Gottheit zu Ehren abgehalten wird, in deren Tempel man zu Gast ist, sollte man vor allem in den Andachten daran denken, auch den restlichen Zwölfen die Ehrerbietung zu erweisen.

Wenn möglich, sollte auch auf Wanderschaft die Mithilfe in den Gemeinschaften eine wichtige Rolle einnehmen. Ob Feldarbeit, Pflege von Tempeln und Schreinen, oder Seelsorge – es bieten sich hier viele Möglichkeiten an. Ist man an Orten zu Gast, die keinen eigenen Götterdiener aufweisen, so rufe man zu mindestens einer Gelegenheit die Bevölkerung zusammen, damit man einen gemeinsamen Götterdienst abhalten kann. Wichtig ist auch, darauf zu achten, die eigene Stärke nicht zu überschätzen. Besonders in den Abendstunden ist es deshalb geboten, sich zur Meditation zurückzuziehen, um die Nähe der Götter zu suchen, ihren Rat zu erkunden, und um von ihnen wieder Kraft für den kommenden Tag zu erhalten.

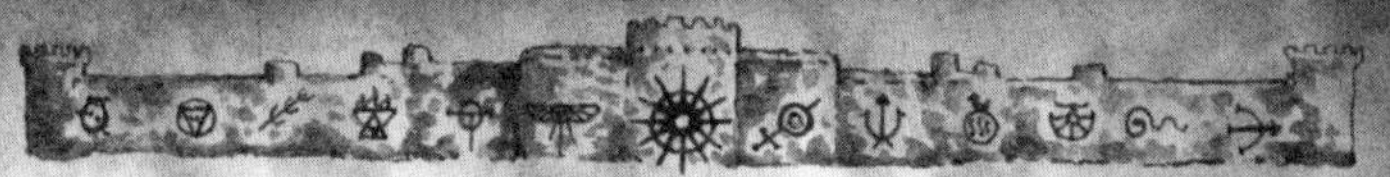

Wandert man durch die Wildnis, so ist die Abgeschiedenheit besonders zur Meditation geeignet. Manch ein Bruder und manch eine Schwester sucht deshalb mit Absicht zeitweise diese Einsamkeit, um den Zwölfen noch näher zu kommen und von ihnen Rat zu erhalten. Bleibt man dabei eine Zeit an einer Stelle und erfährt die Nähe der Götter, so ist es nur angemessen, ihnen dort einen kleinen Schrein zu errichten, auf dass weitere Wanderer ebenfalls die Besonderheit des Ortes erleben können. Diese Schreine sind nur aus den örtlichen Mitteln gebaut und daher leicht vergänglich, doch geschieht es ebenfalls, dass andere Wanderer die Stelle pflegen und so ein dauerhafter Ort der Verehrung entsteht.

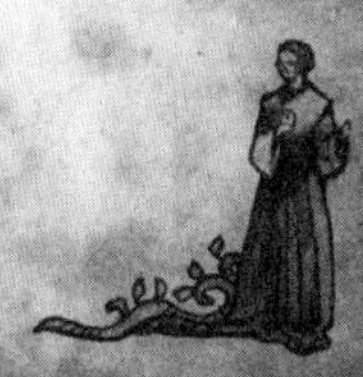

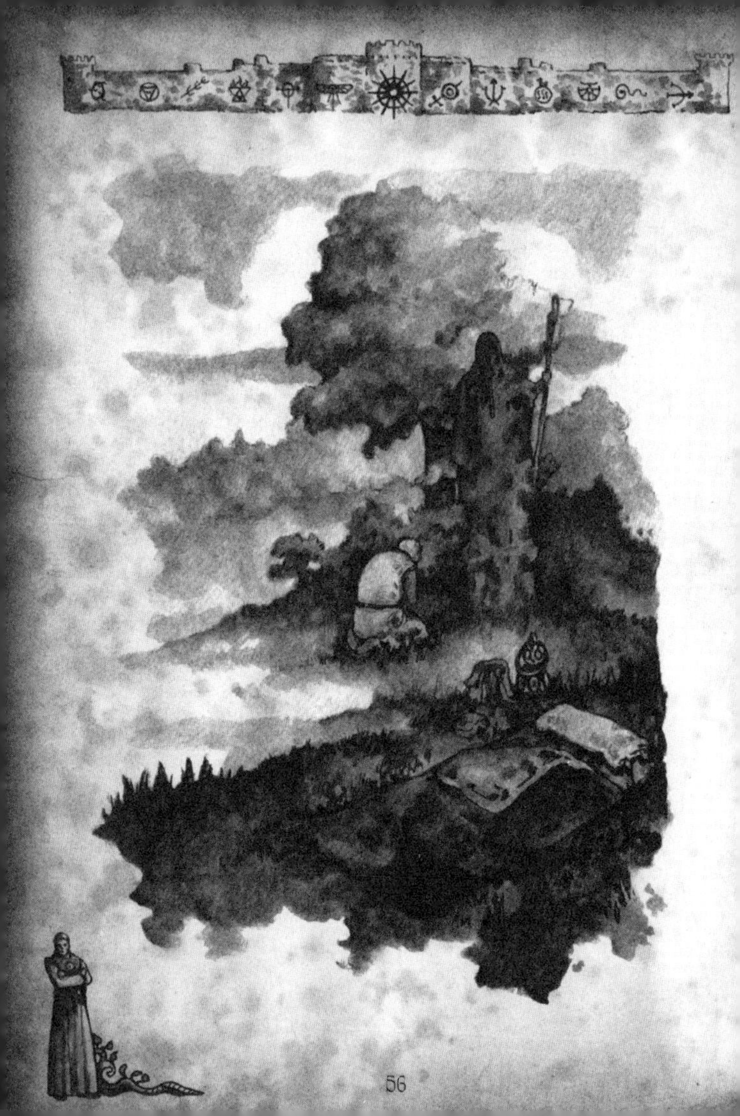

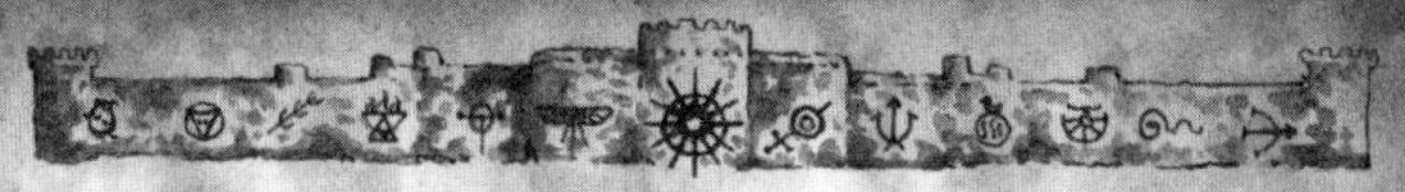

Von der Geburt bis zum Tod

Nicht nur unser Tagesablauf weist eine göttergefällige Ordnung auf, auch der Ablauf unseres gesamten Lebens folgt bestimmten Mustern. Das gilt schon für die Kinder, selbst wenn sie vor dem Alter von zwölf Jahren noch keine Mitglieder unseres Ordens sind. Direkt nach der Geburt werden sie mit dem Geburtssegen, der in der Regel im Namen der Herrin Tsa gesprochen wird, unter die Obhut der Zwölfe gestellt, die sie gegen den Einfluss böser Wesenheiten schützen.

Das Aufwachsen der im Kloster Geborenen geschieht zunächst vor allem in der eigenen Familie, so wie die Herrin Travia es vorgesehen hat. Es werden auch viele Waisen im Kloster aufgenommen, die hier neue Eltern finden. Das gilt besonders für das Kloster Göttertrutz, sind doch gerade im vom Krieg gebeutelten Tobrien viele Kinder ohne Familie. Alle Kinder nehmen natürlich auch Anteil an der größeren Klostergemeinschaft, die ihren Eltern helfend beiseite steht, sollte das Kind einmal krank sein oder Beaufsichtigung benötigen.

Ab dem sechsten Lebensjahr helfen alle Kinder verstärkt bei einfachen Aufgaben im Klosterleben mit. Nun beginnt auch die Zeit, in denen in ihnen die Einsicht reifen muss, ob sie später, wie meist ihre Eltern, Mitglieder im Bund werden wollen, oder ob sie ihr Leben außerhalb des Bundes gestalten möchten. Auch die Klostergemeinschaft hat ein Auge auf die Heranwachsenden, denn es ist nicht leicht zu entscheiden, ob jemand für unsere Gemeinschaft geeignet ist, und so suchen die Eltern vor der Entscheidung meist auch den Rat der anderen Mitglieder des Klosters.

Mit zwölf Jahren erfolgt die Initiation in die Gemeinschaft der Gläubigen. Diese findet für alle Kinder eines Jahrgangs zusammen statt, oft gemeinsam mit weiteren von außerhalb der Klostermauern. Hat ein Bruder oder eine Schwester ein Kind gefunden, das er oder sie für die Mitgliedschaft im Bund geeignet hält und dessen Eltern diesem Weg zustimmen, so wird auch dieses zur Initiation ins Kloster gebracht. Der Segen wird im Namen aller Zwölfe gesprochen, egal welcher Gottheit der segnende Geweihte vor allem dient.
Nach der Initiation steht die Entscheidung an, wer in das Noviziat des Bundes eintreten soll. Diese wird zusammen vom Initiaten, seinen Eltern und dem Abt des Klosters getroffen, wobei letzterer die endgültige Entscheidungshoheit hat. Diejenigen, die nicht in das Noviziat wechseln, müssen nicht zwangsweise das Kloster verlassen, tun es aber nicht selten, um woanders in die Lehre zu gehen. Für die neuen Novizen beginnt nun die sechsjährige Lernzeit. Sie lernen Lesen und Schreiben, die Sprachen der heiligen Schriften, das Bosparano und das Aureliani, die Grundlagen unseres Glaubens, werden in der Rhetorik unterwiesen, um überzeugende Predigten halten zu können, in Algebra, Geometrie und Astrologie, um den Lauf der Sterne zu ergründen, und erhalten eine Ausbildung in der Historie und Kosmologie, insbesondere in den Werken Illumnestras und Silem-Horas'. Für ihr Leben im Kloster und auf Reisen erhalten die Novizen zusätzlich eine Ausbildung ihrer handwerklichen und körperlichen Fähigkeiten, wozu auch die Verteidigung mit einer Waffe gehört.

Die ersten drei Jahre verbringen die Novizen im gemeinsamen Studium. Danach erfolgt eine stärkere Spezialisierung entsprechend ihrer Neigungen. Traditionell gibt es dabei vor

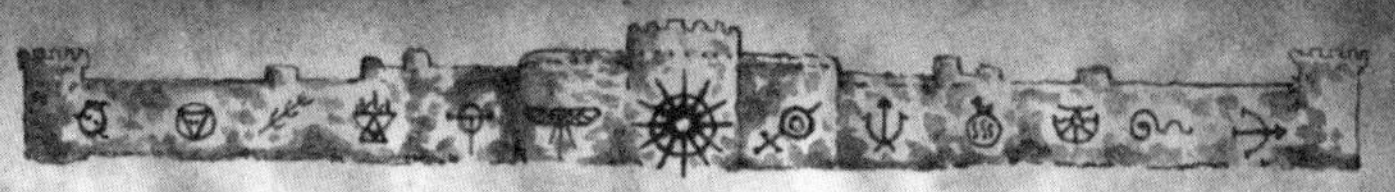

allem zwei Wege, den des Philosophen, der sich stärker mit dem Sinn des Lebens und dem Willen der Götter beschäftigt, und den des Predigers, der den Glauben zu den Menschen bringt. Die zunehmende Bedrohung unseres Glaubens durch Dämonenknechte hat seit einigen Jahren zur Ausbildung des Wegs des wehrhaften Fuchses als dritter Möglichkeit geführt, die eine verstärkte Ausbildung der kämpferischen Fähigkeiten vorsieht.

Am Ende der sechsjährigen Ausbildung werden alle Zöglinge auf eine sechsmonatige Wanderschaft geschickt. So können sie Land und Leute jenseits der Klostermauern kennenlernen und ein letztes Mal prüfen, ob der Weg im Bund wirklich der richtige für sie ist. Wer feststellt, dass ihm das Leben außerhalb der Klostermauern mehr zusagt, kann nach der Rückkehr die Aufnahme verweigern und kommt dann meist in die Obhut eines Meisters oder einer Meisterin, um seine Berufung außerhalb des Bundes zu finden. Es kommt sogar vor, dass ein Wanderer gar nicht zurückkehrt, sondern das avesgefällige Leben annimmt und seine Entscheidung nur noch als Botschaft an das Kloster übermittelt.

Alle, die zurückkehren und aufgenommen werden wollen, sind nun vollwertige Mitglieder und wieder Teil der klösterlichen Gemeinschaft. In den folgenden Jahren ziehen die meisten von ihnen aber regelmäßig auf Wanderschaft aus, um den Glauben zu verbreiten und dabei neue Eindrücke zu sammeln. Manche werden auch zu unseren anderen Klöstern geschickt, um die Verbindung zwischen den Zentren unseres Glaubens zu stärken.
Auch wenn wir allen Zwölfen dienen, entdeckt mancher nun, dass einer der Zwölfe ihm besonders nahe ist. Wer diese be-

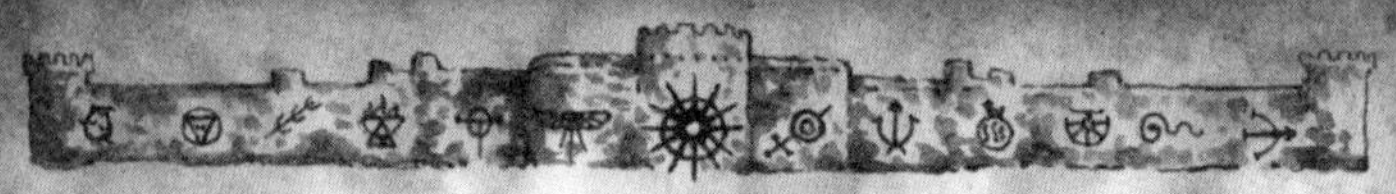

sondere Nähe spürt, der kann sich in den besonderen Riten dieser Kirche ausbilden lassen, der er so als Akoluth dienen kann. Es kommt vor, dass ein Bundesmitglied sich sogar weihen lässt. Dieser Weg ist niemandem versagt, denn wenn die Zwölfe einen solchen Weg gutheißen, ist es nicht an uns Sterblichen, dies zu verhindern. Es passiert aber tatsächlich nur selten, vermutlich, weil diese Fokussierung auf einen der Zwölfe und unsere gleichmäßige Ergebenheit gegenüber der gesamten göttlichen Gemeinschaft in unterschiedliche Richtungen weisen. Nach einer Weihe folgt deshalb oft der Abschied vom Orden, jedoch nicht immer.

Recht häufig passiert es, dass Brüder oder Schwestern auch ohne Weihe eine besondere Gabe für die Predigt oder das Empfangen von Visionen zeigen. Diese Zeloten, wie wir sie nennen, auf denen offenkundig der Segen der Zwölfe liegt, vertiefen deshalb diese Fähigkeiten immer weiter. Die Prediger ziehen häufig auf Wanderung, um möglichst vielen Menschen von den Zwölfen zu künden, und kehren nur selten in die Klöster zurück. Die Visionäre versenken sich dagegen immer mehr in die Meditation, um uns allen vom Willen der Götter zu künden, verlassen aber meist kaum noch das Kloster.

Wer seine Liebe findet, der geht häufig auch den Traviabund ein, wobei es durchaus auch einige gibt, die sich unter den Segen der Herrin Rahja stellen. Oft sind beide Partner Mitglieder des Bundes, und die aus dieser Verbindung hervorgehenden Kinder werden es später ebenfalls sehr häufig. Die Ehe mit Außenstehenden ist aber nicht verpönt, im Gegenteil. Der Partner wird so zwar nicht Mitglied im Bund, aber Teil der Klostergemeinschaft.

Späte Berufung

Vielfältig wie die Zwölfe sind auch die Lebenswege der Sterblichen, und so kommt es vor, dass jemand erst spät die Nähe der gesamten göttlichen Gemeinschaft findet. Oft sind es Geweihte, die feststellen, dass sie sich nicht nur ihrer Gottheit gegenüber verpflichtet sehen, sondern allen Zwölfen. Aber auch ohne Weihe kann spät der Wunsch reifen, das Leben allen Zwölfen zu widmen.

Gerade, wenn dein Weg dich in die Fremde führt, wirst du dort ohnehin auf niemanden treffen, dem die Mitgliedschaft im Bund schon in die Wiege gelegt wurde. So solltest du gerade dort die Augen offen halten, ob du nicht neue Gläubige findest, die du an den Bund heranführen kannst, auch wenn dies in der Vergangenheit eher unüblich war.

Der spätere Beitritt zum Bund ist keine Entscheidung, die schnell oder leichtfertig getroffen werden kann. Allen Zwölfen gleichermaßen zu dienen, ist eine fordernde Aufgabe, und jeder, der sich dazu berufen fühlt, muss sich dessen bewusst sein. Um sie erfüllen zu können, ist einiges an Wissen nötig, weshalb jedes neue Mitglied ein Noviziat durchlaufen muss. Die Ausgestaltung richtet sich, anders als bei den Kindern des Bundes, nach dem Novizen.

Wer schon des Bosparano mächtig ist, braucht dieses nicht mehr zu erlernen, und wer bereits ein Handwerk beherrscht, braucht keine entsprechende Ausbildung. Da die um Aufnahme Ersuchenden wohl selten eine familiäre Betreuung im Bund haben, sollen sie für die Zeit ihrer Ausbildung einen Mentor oder eine Mentorin zur Seite gestellt bekommen. Diese Mentoren, die oft auch die Fürsprecher für die Auf-

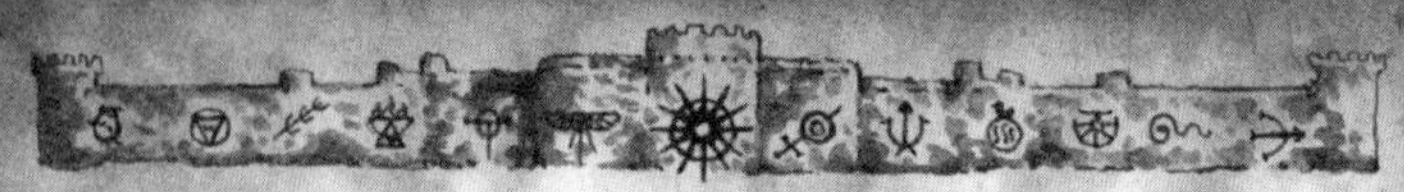

nahme in den Bund waren, dienen ihnen als Ratgeber und Freunde, entscheiden über die anstehenden Schritte und halten den Kontakt zum Abt, der der Einschätzung der Mentoren in der Regel folgen wird.

Das Noviziat für solche Spätberufenen füllt die Lücken auf, die sie in den für unseren Bund wichtigen Fähigkeiten aufweisen. Sobald dies geschehen ist, steht einer Mitgliedschaft nichts mehr im Wege. Bei Geweihten der Zwölfe dauert dies meist zwölf Monate. Die Entscheidung über die Aufnahme liegt in der Regel in der Hand des Abtes. Dieser kann, gerade im Rahmen der Mission, aber auch anderen Bündlern die Erlaubnis übertragen, über neue Mitglieder zu entscheiden.

Wer in der Fremde alleine eine neue Gemeinschaft aufbauen möchte, trägt dabei jedoch eine hohe Verantwortung, muss meist wohl auch selbst alles nötige Wissen vermitteln, gleichzeitig als Mentor dienen und die abschließende Entscheidung über die Aufnahme treffen. Deswegen wird dieses Recht nur auf sehr erfahrene Mitglieder übertragen, die in allen Aspekten unserer Gemeinschaft bewandert sind.

Ich will nicht verhehlen, dass diese Öffnung im Rahmen der Mission auch ihre Kritiker hat. Manche unserer Brüder und Schwestern fürchten um die Reinheit der Lehre, wenn fremde Einflüsse leichtfertig in den Bund aufgenommen würden. Richtig ist gewiss, dass auf keinen Fall der Häresie eine Tür geöffnet werden und auch den Feinden der göttlichen Ordnung keine Möglichkeit geboten werden darf, unsere Gemeinschaft zu unterwandern. Prüfe also immer streng und sorgfältig, ob sich jemand für den Bund eignet, bevor du an eine Aufnahme denkst.

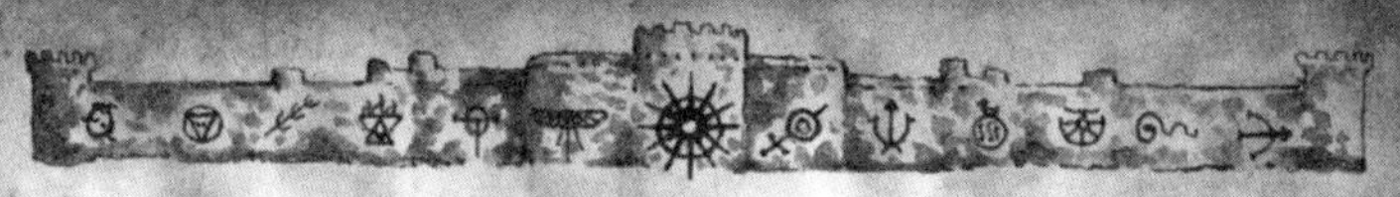

Abschied aus dem Bund

Nicht alle, die dem Bund angehören, tun dies bis zum Ende ihres Lebens. Wer in der Ausbildung feststellt, dass das Leben als Illumnestraner nichts für ihn ist, kann freiwillig aus unserer Gemeinschaft ausscheiden. Das bedeutet häufig, aber nicht zwangsweise, den Abschied vom Kloster. Manche verbleiben auch nach ihrem Abschied aus dem Bund in den Klostermauern und helfen dort weiterhin als Nichtmitglieder bei den Arbeiten der Gemeinschaft. Diese Entscheidung treffen vor allem diejenigen, die im Bund geboren wurden und in der Nähe ihrer Familien bleiben wollen.

Es gibt auch diejenigen, deren Weg sie immer stärker zu einem der Zwölfe hinführt. Geschieht dies, so ist dies nichts anderes als der Wille der Götter. Wenn dies der Fall ist, wird man vom Abt aus den Verpflichtungen gegenüber dem Bund entlassen, dem er oder sie aber freundschaftlich verbunden bleibt. Manche bemerken auch erst nach einiger Zeit, dass sie das Leben im Bund nicht erfüllt. Auch für diese ist ein Austritt möglich, hier geht aber eine längere, meist zwölfmonatige Phase der Gespräche voraus, in denen zusammen mit Vertrauten und dem Abt versucht wird, zu ergründen, worin die Probleme bestehen und ob sie nicht behoben werden können. Zeigt sich, dass dies nicht möglich ist, erfolgt auch hier die Entbindung von den Verpflichtungen gegenüber dem Bund durch den Abt.

Bisher fast nicht vorgekommen sind Fälle, in denen Mitglieder des Bundes sich zu Frevlern an der göttlichen Ordnung entwickelten oder gar – Mögen die Zwölfe uns behüten! – mit den Niederhöllen paktierten. In einem solchen Fall en-

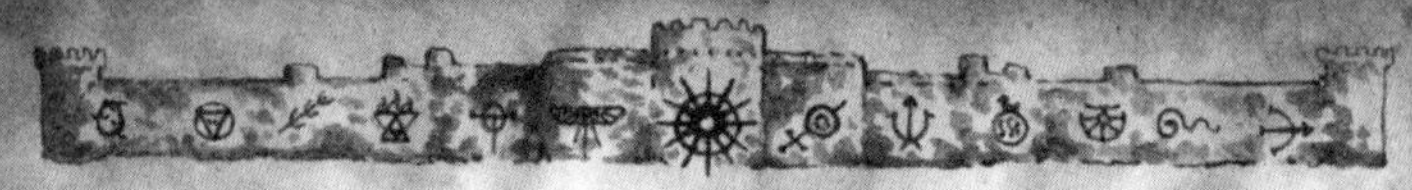

det die Mitgliedschaft im Bund selbstredend umgehend, je nach Schwere des Falls ist aber auch dann noch jedes unserer Mitglieder aufgerufen, die Seele des einstigen Bruders oder der einstigen Schwester nach Möglichkeiten zu retten. Doch selbst im Fall eines Erfolges und falls der ehemalige Frevler die Rettung überlebt, ist eine erneute Mitgliedschaft in unserer Gemeinschaft danach auf Lebenszeit ausgeschlossen.

Dass die Möglichkeit zum friedlichen Abschied aus dem Bund existiert, soll aber nicht den Eindruck erwecken, dieser Weg würde häufig beschritten oder würde von uns leichten Herzens akzeptiert. Tatsächlich schmerzt jeder Abschied und wirft die Frage auf, ob er nicht hätte vermieden werden können. Denn die Gemeinschaft ist uns ein sehr hohes Gut, und hieraus folgt, dass jeder sich für ihren Fortbestand einsetzen soll. Spürst du Unsicherheit oder Sorgen bei anderen Bündlern, dann stehe ihnen treu zur Seite. Scheue dich auch niemals, deine eigenen Sorgen und Bedenken in der Gemeinschaft kund zu tun, denn nur so kann man dir in Zeiten des Zweifels helfen. Gemeinschaft bedeutet schließlich nicht nur, dass man sich um alle anderen sorgt, sondern in gleicher Weise, dass diese da sind, um einem selbst beizustehen: Jeder für jeden, so lautet unsere Maxime.

Glücklicherweise scheint auf unserer Tradition, sich als Gemeinschaft um alle Mitglieder zu sorgen, der Segen der Zwölfe zu liegen, denn tatsächlich kehren nur wenige, die einmal dem Bund angehörten, uns später endgültig den Rücken zu und verlassen den Orden für immer. Wir alle sind dazu aufgerufen, unseren Beitrag zu leisten, dass dies auch in Zukunft so bleibt!

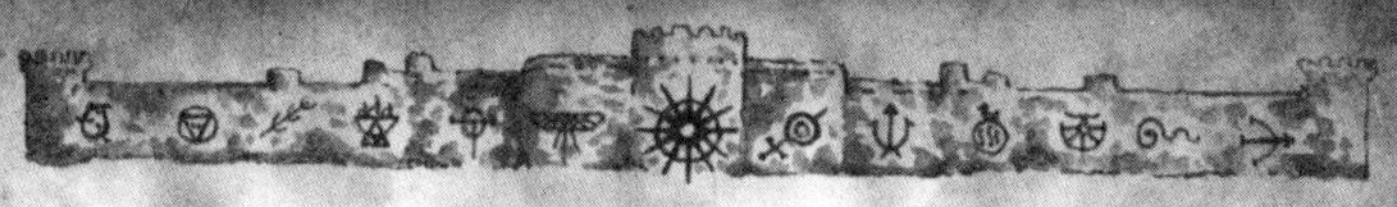

V

In Borons Reich Vergangenes

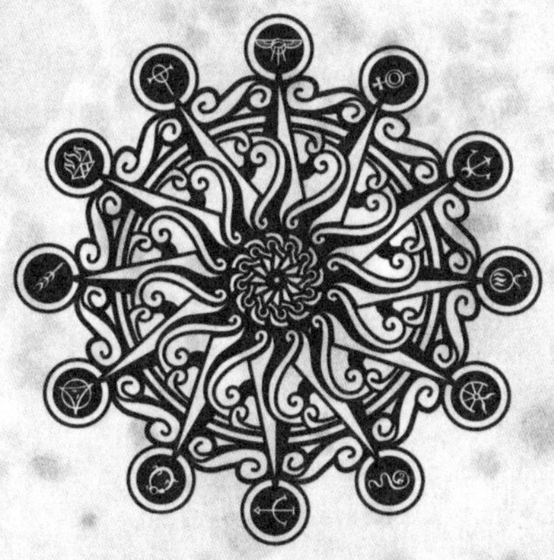

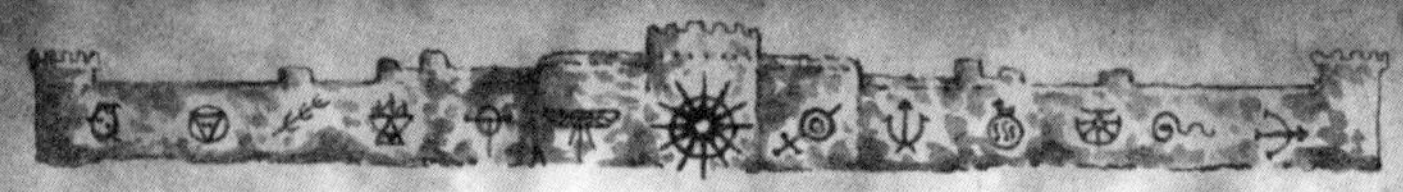

Unser Bund existiert schon sehr lange. Er hat im Laufe seiner Geschichte gute und schlechte Zeiten erlebt. Diese zu kennen, ist vor allem aus drei Gründen wichtig: Die dunklen Zeiten, die der Orden erfolgreich durchstand, bieten Inspiration für schwierige Herausforderungen in der Zukunft. Die guten Zeiten zeigen uns, dass unser Kampf sich lohnt. Beide bieten eine Fundgrube an Wissen, das bei der Einschätzung neuer Eindrücke und dem Umgang mit diesen helfen kann. Nicht alles Wissen zur Geschichte unseres Bundes hat die Zeiten überdauert. Der Versuch einer vollständigen Geschichte würde den Umfang dieses Buches ohnehin übersteigen. Ich beschränke mich deshalb in jeder Epoche auf einige wichtige Punkte, die zusammen aber ein passendes Bild bieten sollten.

Ganz allgemein möchte ich vorweg noch einen Rat ergänzen, den mein eigener Geschichtslehrer bei meinen Studien regelmäßig mit dem ihm eigenen Bosparano-Aufruf „Caveat!" - „Hüte dich davor!" - einleitete: Das geschriebene Wort kann stets verfälscht sein, und so sind alle Aufzeichnungen, die wir besitzen, immer mit einer gewissen Vorsicht zu betrachten. Ein Großteil der Daten in den folgenden Abschnitten entstammt Schlussfolgerungen meinerseits. Hüte dich also davor, ihnen blind zu vertrauen! Entdeckst du eine sichere Quelle, die meinen Ausführungen widerspricht, so kann der Irrtum durchaus auf meiner Seite liegen.

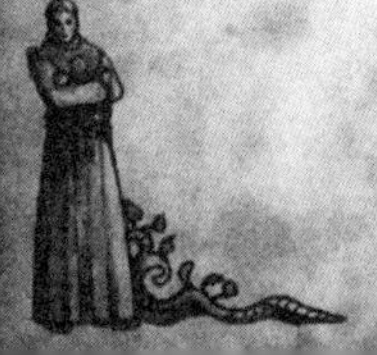

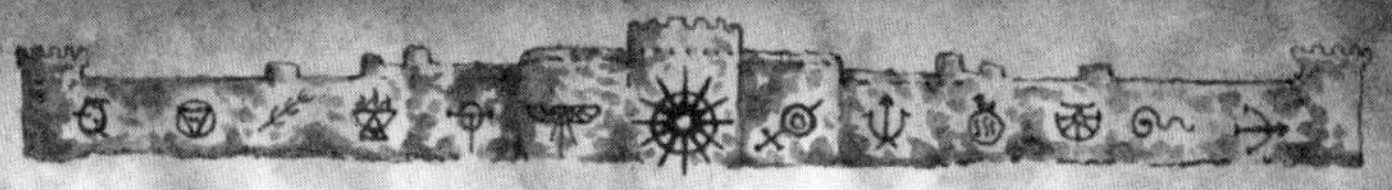

Die Gründungszeit

Wann genau Illumnestra lebte, ist heute nicht mehr nachzuvollziehen. Wir können ihren Schriften entnehmen, dass sie in den Dunklen Zeiten nach dem Untergang des Blutkaisers Fran-Horas, aber lange vor der Thronbesteigung des ersten Kusliker Kaisers Brigon-Horas wirkte. Die Götter sollen Illumnestra und all ihren Nachfolgerinnen eine Lebenszeit von gesegneten 12 x 12 Jahren schenken. Damit müsste die Prophetin um das 5. Jahrhundert vor Bosparans Fall gelebt haben. Die Prophetin bereiste mit ihren Anhängern verschiedene bedeutende Orte des Kontinents, auf der Suche nach Zeichen der Unsterblichen. Wir wissen, dass sie das Orakel von Balträa und die Stadt Horasia besuchte, bei manch anderem von ihr beschriebenem Ort ist heute nicht mehr ersichtlich, wo dieser gelegen haben mag. Schließlich sammelte sie ihre Gefolgschaft am Fuße der Goldfelsen. Dort existierten bereits Höhlen, von denen die Kammer der Prophezeiung eine der ältesten sein dürfte. Diese war wohl auch ein wichtiger Grund, dass sie das Kloster Mantrash'Mor dort gründete. Die Kammer eröffnete Illumnestra ihre bedeutendsten Visionen, die von ihren Anhängern gesammelt und zur Kosmogonika vereint wurden. Im Laufe ihres Wirkens wurde so aus einer losen Gruppe eine feste, den Lehren der Prophetin verschriebene Gemeinschaft, aus der schließlich unser Bund hervorging. Manche Brüder und Schwestern sehen in der Amtszeit jeder unserer Anführerinnen einen symbolischen Monat in der Geschichte des Ordens, die in ihrer Gesamtheit demnach einen symbolischen Götterlauf darstelle. So, wie sich nach jeweils drei Monaten im wirklichen Jahreslauf eine neue Jahreszeit ankündigt, soll zu Lebzeiten jeder dritten Illumnestra ein Ereignis eintreten, mit dem ebenfalls ein bedeutender Wandel

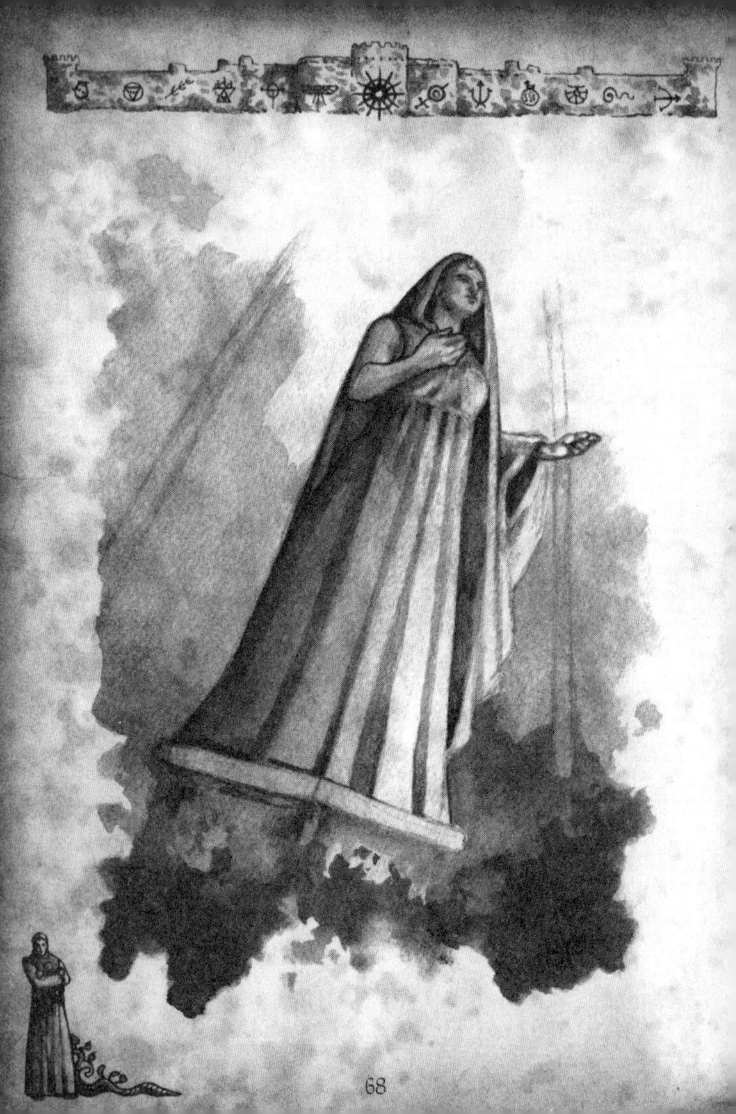

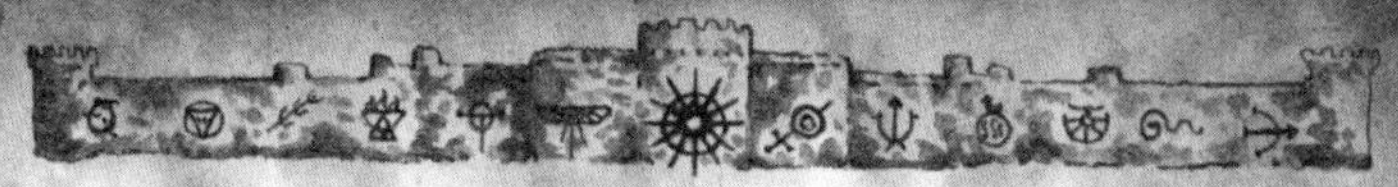

seinen Schatten vorauswirft. Diese Theorie, umstritten wie sie ist, bietet, was ein Zeichen sein mag, eine schöne Möglichkeit, die Geschichte unseres Bundes in Epochen einzuteilen. Ich werde deswegen im Weiteren auf sie zurückgreifen.

1. Epoche – die Dunklen Zeiten

Fran-Horas' Pakt mit den Erzdämonen führte zu seinem Untergang, leitete die Dunklen Zeiten ein und führte das bosparanische Reich an den Rand der Vernichtung. Doch die Zwölfe hatten die Sterblichen nicht aufgegeben und schickten Illumnestra die Visionen, die zur Grundlage unseres Glaubens wurden. Doch die Suche nach den Namen der Zwölfe hielt an. Sie beschäftigte die Prophetin, ebenso ihre Nachfolgerin Illumnestra II., zeitlebens. Erst Illumnestra III. konnte sie endlich beenden. Die Bundesmitglieder suchten ebenfalls nach Zeichen, und es heißt, dass mit der Zeit 12 x 12 Theorien aufgestellt und wieder verworfen wurden, wer die Zwölfe sind. Eine Vielzahl an Kulten prägte die Zeiten, und wenn auch die Kirchen der wahren Zwölf bereits darunter waren, so wurden auch viele seltsame oder gefährliche Wesenheiten verehrt. Der Wendepunkt kam zum Ende der Epoche. Im Hesindeglauben symbolisiert die Inthronisierung von Brigon-Horas im zweiten Jahrhundert vor Bosparans Fall das Ende der Dunklen Zeiten. Für uns steht aber Brigons Sohn Silem-Horas für das Ende der wirklich dunklen Zeiten, in denen wir die Namen der wahren Götter nicht kannten. Kaiser Silem wusste um die Kosmogonika und hatte ihre Bedeutung wohl als erster Kaiser wirklich verstanden. Illumnestra III. wird dem Herrscher bei seiner Suche nach der Wahrheit sicherlich geholfen haben. Etwa 100 Jahre vor Bosparans Fall

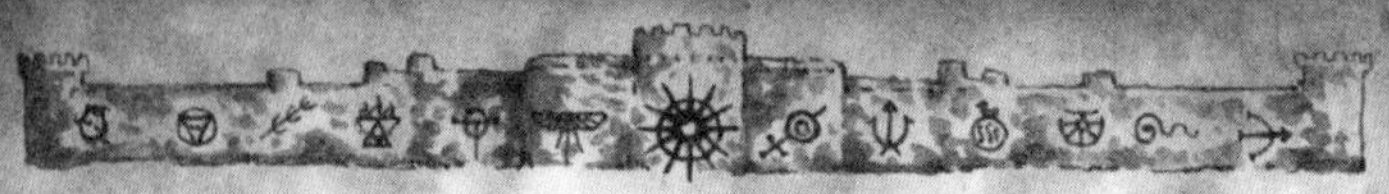

wurde Silem schließlich erleuchtet und erließ sein Edikt, mit dem er für das ganze bosparanische Reich die Zwölfe und ihre Kinder als einzige zu verehrende Wesenheiten festlegte und das Jahr und den Tag in ihrem Namen einteilte.

2. Epoche - Fall und Aufstieg

Die erstmalige weitreichende Anerkennung unseres Glaubens unter Silem und seinen Nachfolgern machte in der kommenden Epoche eine Sicherung des Erreichten nötig. Die erste Blüte des Zwölfgötterglaubens führte aber auch zu seiner Ausdehnung. In unseren Archiven finden sich Hinweise auf die Entstehung von mindestens einem neuen Kloster in den Außengebieten des Bosparanischen Reiches, das der Bekehrung der dort lebenden Völker dienen sollte. Doch die Hybris von Hela-Horas, die die schweren Verfehlungen ihres Ahnen Fran zu Zeiten von Illumnestra IV. wiederholte und damit das bosparanische Reich in den Untergang führte, hatte nicht nur den Untergang Bosparans zur Folge, auch unser Orden wurde wieder auf sein Stammkloster zurückgeworfen. Zum Glück stand das neue Reich unter dem Segen der Götter. Kaiser Raul der Große und die ihm nachfolgenden Klugen Kaiser nahmen Abstand vom häretischen Gedanken, der Kaiser könne ein Gott sein – nicht zuletzt gewarnt durch das Schicksal Helas. So gedieh die zwölfgöttliche Gemeinschaft, bis zu Zeiten von Illumnestra VI. ein weiterer Wendepunkt eintreten sollte: Thronfolger Rude II. wurde im Jahr 335 BF schändlich gemeuchelt, und Zwietracht hielt Einzug in die zwölfgöttliche Gemeinschaft. Die Wundmale schienen die eines Löwen zu sein, und so gab die Kirche des Herrn Praios der Gemeinschaft der Herrin Rondra die Schuld an der Tat. Praiosgeweihte übernahmen die Re-

gentschaft und verfolgten die Mitglieder des Schwertbundes, beginnend mit dem Erntefestmassaker. Heute wissen wir, dass wohl der Namenlose hinter der Tat steckte, denn es heißt, die Wundmale wären purpurn verfärbt gewesen.

Wieder sandten uns die Götter Zeichen. Illumnestra VI. empfing am Ende ihres Lebens, um die Mitte des vierten Jahrhunderts nach Bosparans Fall, als die Herrschaft der Priesterkaiser noch jung war, Visionen, die von einem Zeichen sprachen, das die Einheit der göttlichen Gemeinschaft für alle sichtbar machen sollte: Ein gemeinsames Monument in den Goldfelsen über Mantrash'Mor, das die Köpfe der Zwölf zeigen sollte.

3. Epoche – Kampf um die Einheit

Die Arbeiten am Zwölfgöttermonument begannen aber erst zur Zeit Illumnestras VII. um 400 BF, als sie den damaligen Priesterkaiser Noralec Praiowar I. für den Bau gewinnen konnte. Genauer gesagt, unterstützte er die Erbauung des falkenköpfigen Praioshaupts, und es ist nicht sicher, ob ihm die Gesamtheit des geplanten Monuments bewusst war. Die Priesterkaiser stellten zwar nach Ansicht des Bundes eine Bedrohung für die göttliche Gemeinschaft dar, doch gibt es keine uns bekannten Berichte über besondere Schikanen, die den Orden dafür getroffen hätten. Es steht zu vermuten, dass dies vor allem ein Verdienst Illumnestras VII. war, die über viel diplomatisches Geschick verfügt haben muss. Wir wissen auch von einzelnen Berichten, nach denen verfolgte Rondrianer im Kloster Unterschlupf fanden.

Die Gefährdung der zwölfgöttlichen Gemeinschaft durch die Priesterkaiser zeigte sich erneut, als Helus Praiodan I. den amtierenden Lichtboten absetzte und so die erste Spaltung der Kirche des Herrn Praios hervorrief. Erst nach seinem Tod und der Rück-

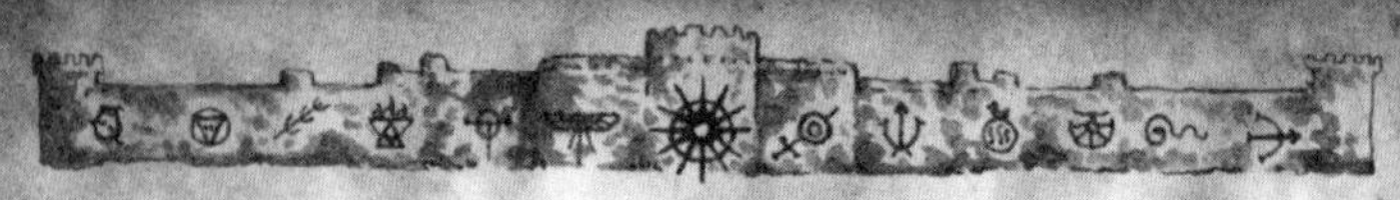

kehr des vertriebenen Gurvan Praiobur I. endete das gut zwanzigjährige Schisma. Schließlich vertrieb Rohal der Weise 466 BF die Priesterkaiser vom Thron. Er besuchte schon früh Mantrash'Mor und unterstützte Illumnestra VII. beim Weiterbau des Zwölfgöttermonuments. Der Bau der Köpfe Rondras und, zur Zeit von Illumnestra VIII., Efferds wurde begonnen und zügig vollendet. Die Rohalszeit brachte der Zwölfgöttergemeinschaft außerdem eine Zeit der Versöhnung, aus der sie gestärkt hervortrat. Das war auch nötig, denn Rohals Kampf gegen Borbarad und die folgenden Magierkriege führten zu einer erneuten Verheerung der Lande. Auch der Orden wurde hart getroffen und stand das erste Mal ganz nahe am Abgrund, als um das Jahr 600 BF die Köpfe von Efferd und Rondra zerstört wurden und fast gleichzeitig Illumnestra VIII. im hohen Alter ermordet wurde. Ob Anhänger Borbarads oder des Namenlosen hinter den Taten steckten, ist auch heute noch ungewiss. Illumnestra VIII. hatte zum Glück in weiser Voraussicht die in Visionen gefundenen Hinweise auf ihre Nachfolgerin gut versteckt, sodass sie von unseren Brüdern und Schwestern nach mühevoller Suche aufgefunden und entschlüsselt werden konnten.

Unter Illumnestra IX. begann die Wiederherstellung der zerstörten Köpfe, und gleichzeitig der Bau des Hauptes der Herrin Travia. Die nötigen immensen Bauarbeiten benötigten aber fast dreihundert Jahre. Illumnestra IX. erlebte schließlich ein Ereignis, das die zwölfgöttliche Gemeinschaft bis heute spaltet: Am 30. Boron 686 BF soll Golgari eine Warnung Borons den Einwohnern Al'Anfas überbracht haben, nachdem sein Herr die Stadt schwer gestraft hatte. Dies führte zu einer Neuausrichtung des Boronglaubens in der Stadt und in der Folge zum Schisma der Kirche, das bis heute anhält.

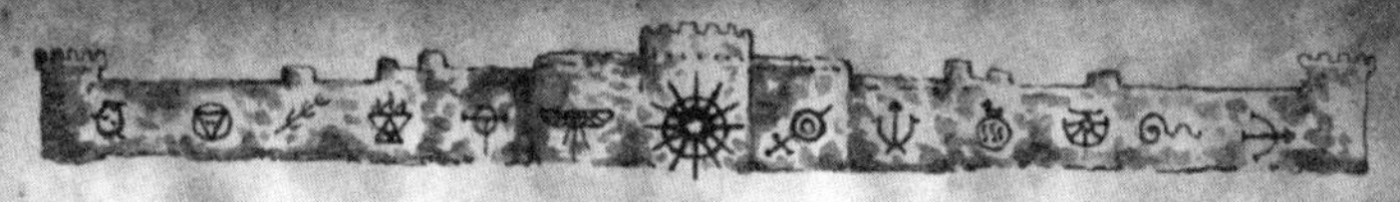

4. Epoche – Vorbereitung auf die Weltzeitenwende

Illumnestra X. führte unser Kloster durch die Kriegswirren des horasischen Unabhängigkeitskriegs, der mit der Eigenständigkeit des Horasreiches im Jahre 752 BF endete. Wie es bei uns gute Tradition ist, bestand sie auf der weltlichen Neutralität unseres Ordens und hielt ihn aus den Kämpfen heraus. Nur einige Jahre später erschütterte ein weiteres Ereignis die zwölfgöttliche Gemeinschaft: 760 BF hatten die Nomaden der Beni Novad in der Oase Keft eine Erscheinung, die sie als die Offenbarung des von ihnen für einen Gott gehaltenen Rastullah ansahen. Sie eroberten in der Folge die gesamte Wüste Khôm samt einiger Randgebiete. Lange Zeit herrschte Krieg zwischen ihnen und den Gläubigen der Zwölfe, und erst seit kurzer Zeit scheint dieser eingeschlafen zu sein.

Unter Illumnestra XI. erlitt das Neue Reich die kaiserlosen Zeiten. Der nackte Überlebenskampf drängte vielerorts den Glauben in den Hintergrund, auch wenn weiterhin im Vinsalter und im Garether Reich das Silem-Horas-Edikt Bestand hatte. Das Zwölfgöttermonument erlebte dafür die Fertigstellung des Kopfes der Herrin Travia. Nun wäre die Errichtung des Kopfes des Herrn Boron an der Reihe gewesen, doch eine Vision riet Illumnestra XI., erst mit dem Haupt der Herrin Hesinde fortzufahren, welches zur Krönung Kaiser Hals vollendet wurde. Unter Illumnestra XII. mehrten sich indes die Zeichen, dass uns große Umwälzungen bevorständen. Sie erlebte, wie zunächst Kaiser Hal sich in den Götterstand erheben ließ und damit als erster Herrscher seit Hela-Horas das Silem-Horas-Edikt missachtete.

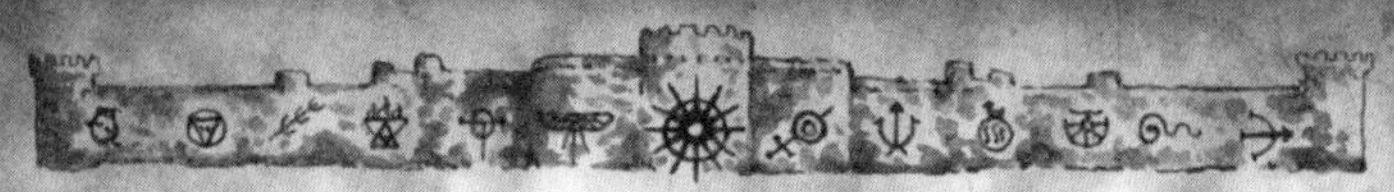

Wie befürchtet, folgte Unglück auf Unglück: Der Ogerzug verwüstete Tobrien, der Kaiser verschwand im Bornland, und der dritte Orkensturm fegte über das Land. Ein zweites Schisma erschütterte für fünf Jahre die Kirche des Herrn Praios, als sich 1013 BF Hilberian Grimm von Greifenstein, ein Zeichen Praios' missverstehend, gegen den amtierenden Boten des Lichts, Jariel Praiotin XII., stellte. Zum Glück erkannte er seinen Irrtum, und die Einheit der Kirche wurde wieder hergestellt.

Die wahre Bedrohung entstand aus der Rückkehr des Dämonenmeisters Borbarad. Er überzog weite Teile Aventuriens mit Krieg, spottete der Götter und beging ungezählte abscheuliche Schandtaten. Doch als seinen Eroberungszügen keine Grenzen gesetzt zu sein schienen, zeigte sich aufs Neue die Stärke der göttlichen Gemeinschaft, wenn sie zusammensteht. Unser Orden brachte die Kirchen der Zwölfe dazu, sich gemeinsam gegen den Bethanier zu stellen, und so konnte der Vormarsch seiner Truppen gestoppt werden. Im tobrischen Perainefurten gründete sich das Zwölfgöttliche Konzil wider die Finsternis, der Bau unseres Wehrklosters Göttertrutz in dessen Nähe wurde in nur sechs Jahren abgeschlossen, und in der dritten Dämonenschlacht konnte Borbarad schließlich mit Hilfe der Götter gebannt werden.

Doch seine Machenschaften haben etwas in Bewegung gesetzt, das nicht mehr aufzuhalten ist: das Karmakorthäon, die Weltzeitenwende. Das, was wir jüngst als Sternenfall erlebten, ist nur ein Zeichen dieser Zeit, in der die Sphären erschüttert werden und die göttergefällige Ordnung ins Wanken gerät. Es ist also heute wichtiger denn je, dass die zwölfgöttliche Gemeinschaft fest zusammensteht, um die bevorstehenden Herausforderungen zu bestehen.

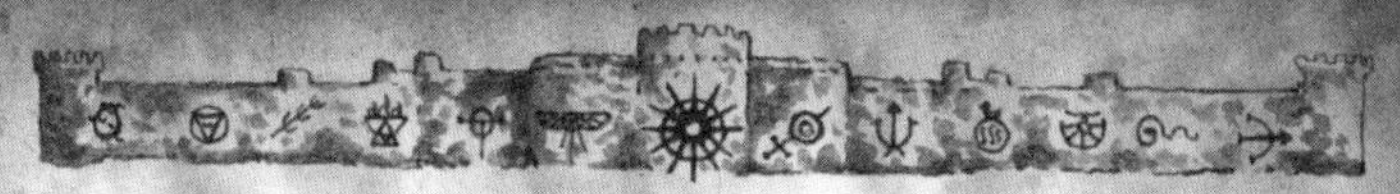

VI

Hesindes Weisheit
Artefakte, Schriften und Gebete

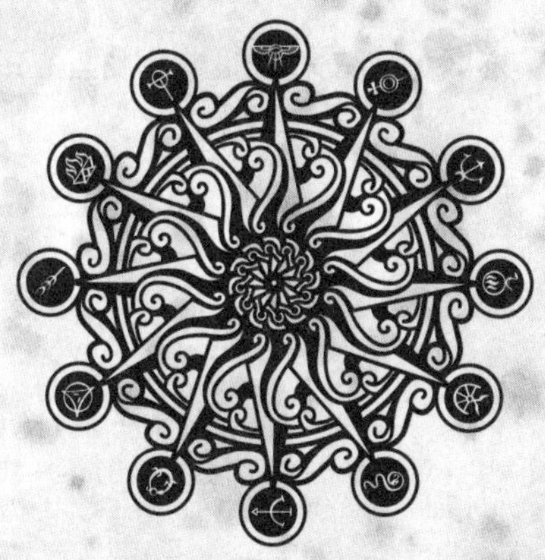

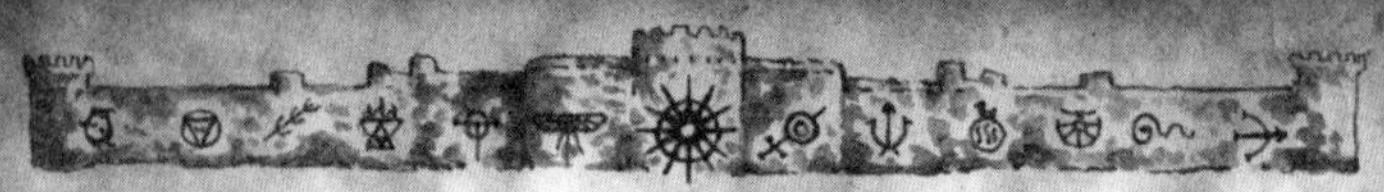

Unser Orden besitzt Artefakte, die uns von den Göttern gegeben oder auf ihr Geheiß angefertigt wurden, und die von unserer Nähe zu den Zwölfen künden. In unseren Archiven befinden sich auch wertvolle Schriften, darunter frühe Ausgaben von Illumnestras und Silems Werken, die nicht durch vielfältige Übertragungen verfälscht wurden. Schließlich gehören zu unserem Schatz auch Gebete, mit denen wir gemeinschaftlich unsere Ergebenheit den Zwölfen gegenüber zeigen können. Nutze das Wissen um die Herkunft unserer Erkenntnisse und um die offensichtliche Gunst, die uns die Götter gewähren, um Zweifler zu überzeugen.

Der Diamant von Brig-Lo

Nach der zweiten Dämonenschlacht schenkten die Zwölfe unserem Orden einen Diamanten, der den Namen des Ortes in der Nähe des Schlachtfelds trägt. Wir erhielten den Auftrag, in jedem neuen Jahr den Diamanten einer der zwölf Kirchen zu überlassen, auf dass sie seine Geheimnisse entschlüsseln möge. Es scheint, dass der Edelstein von den Göttern mit beträchtlicher Macht ausgestattet wurde. Wer auch immer diese zu nutzen vermögen wird, wird uns in den Kampf gegen das Ende der Welt führen, so heißt es.

Jedes Jahr rufen wir daher Vertreter aller zwölf Kirchen zum Wettstreit auf, die Siegerin erhält den Diamanten für 12 Monate, bevor er zu uns zurückkehrt. Seit Einsetzen des Sternenfalls mehren sich die Meinungen, dass die Zeit der Entschlüsselung bevorstehe, aber auch die Befürchtungen, Feinde der Ordnung könnten verstärkt versuchen, sich des Artefakts zu bemächtigen.

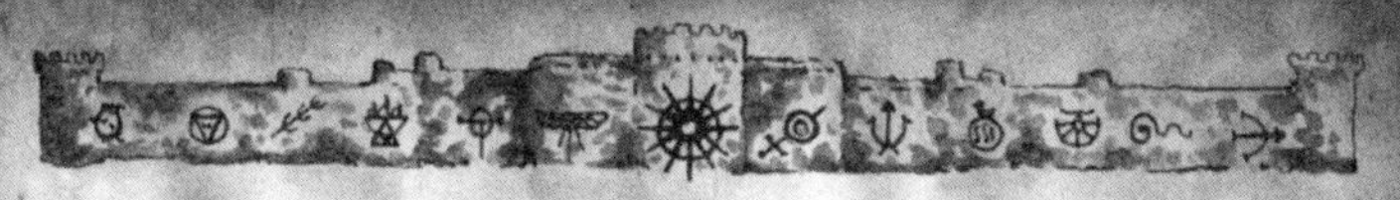

Die Kette der Zwölfgötter

Einst gab es ein Band von zwölf miteinander verbundenen Amuletten aus einem unbekannten, goldenen Metall, von denen jedes ein Symbol der Zwölfe trug. Die Kette soll das Zeichen der Götter gewesen sein, mit dem sie das Silem-Horas-Edikt bestätigten. Jedes der Amulette soll eine eigene, von der jeweiligen Gottheit verliehene Kraft besitzen. Lange Zeit wurde die Kette im Praiostempel von Neetha aufbewahrt, bevor sie in unser Kloster Marano überführt wurde. Als die Orks dieses vernichteten, verschwand sie. Einzig das Amulett des Herrn Boron konnte 1017 BF wiedergefunden werden und befindet sich in Mantrash'Mor.
Es heißt aber, dass einzelne der Amulette schon viel früher durch Kopien ersetzt wurden. So soll das originale Efferdamulett Teil der Delphinkrone der zyklopäischen Seekönige sein. Die Wiederherstellung der gesamten Kette ist ein wichtiges Ziel, weshalb jeder Ausschau nach Hinweisen auf den Verbleib der Amulette halten sollte.

Das Zwölfgöttermonument

Für Außenstehende ist Mantrash'Mor häufig gleichbedeutend mit dem Zwölfgöttermonument. Wer kann es ihnen verdenken, ist das Kloster doch ins Innere der Berge gebaut, während die Götterhäupter weithin sichtbar über ihm liegen. Am Morgen erstrahlt hinter ihnen die Praiosscheibe und umgibt die Häupter mit einer Aureole, am Abend leuchten die Köpfe noch im Sonnenlicht, wenn im Tal bereits Schatten liegt. Zieht Nebel auf, so scheint es, als schwebe das Monument über den Wolken. Die Idee zum Bau empfing Illumnes-

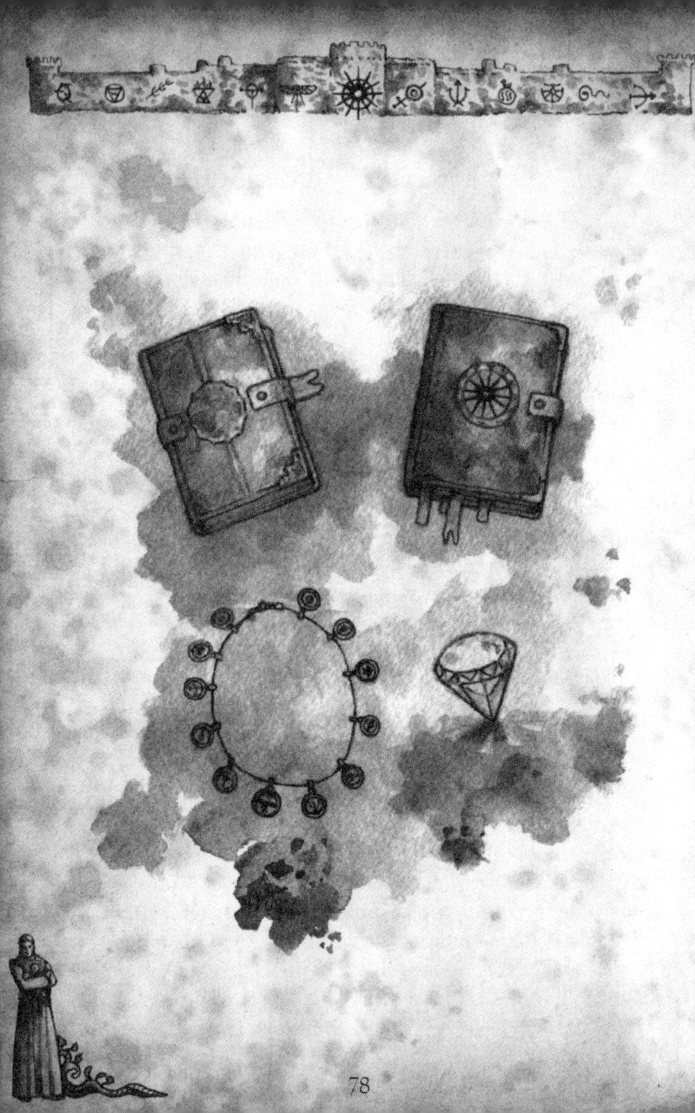

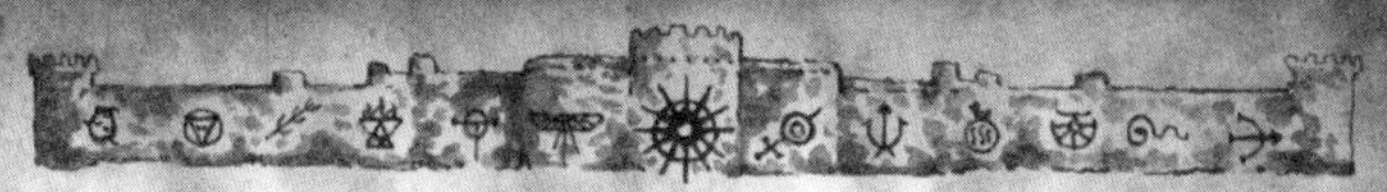

tra VI. als Vision von den Göttern. Der Bau des Praioshaupts begann unter ihrer Nachfolgerin um 400 BF. Der Weiterbau erfolgte zu Zeiten Rohals, doch wurden die vollendeten Köpfe Rondras und Efferds um 600 BF durch üble Machenschaften zerstört. Ihre Wiederherstellung und der gleichzeitige Bau des Traviahaupts dauerten fast dreihundert Jahre. Eine Vision ließ Illumnestra XI. in den kaiserlosen Zeiten zunächst den Bau des Hauptes der Herrin Hesinde beginnen, statt die Reihe mit dem Haupt des Herrn Boron fortzusetzen. Die Arbeiten wurden zur Krönung Kaiser Hals vollendet, woraufhin die Vorbereitung des Boronkopfes begann. Doch konnten sich die beiden Kirchen weiterhin nicht auf ein Aussehen einigen, sodass bereits die Arbeiten am Firunkopf begonnen wurden. Immerhin hat die Puniner Boronkirche inzwischen den Vorschlag der Al'Anfaner Boronkirche akzeptiert, das Haupt als Rabenkopf zu gestalten, und diese Form ist inzwischen auch vollendet, strittig bleibt aber die Frage, ob eine Krone auf den Kopf des Raben gehört.

Die Kammer der Prophezeiungen

Im Innern Mantrash'Mors befindet sich die Kammer der Prophezeiungen, die in Wahrheit ein Schacht mit zwölfeckigem Querschnitt ist. Wie tief dieser nach unten führt, hat noch keiner ausloten können, mehrere hundert Schritt sind es aber sicher. Einzig ein schmaler Sims ragt in den Schacht, der einen vorsichtigen Abstieg nach unten ermöglicht. Am Beginn des Abstiegs befindet sich eine Steintafel, die die Symbole des Zwölfkreises aufweist und mindestens 500 Jahre alt ist, denn so alt sind die ersten Berichte, in denen sie erwähnt wird. Im Travia 1039 BF, in einer Nacht, als im Kloster Bishdariel den

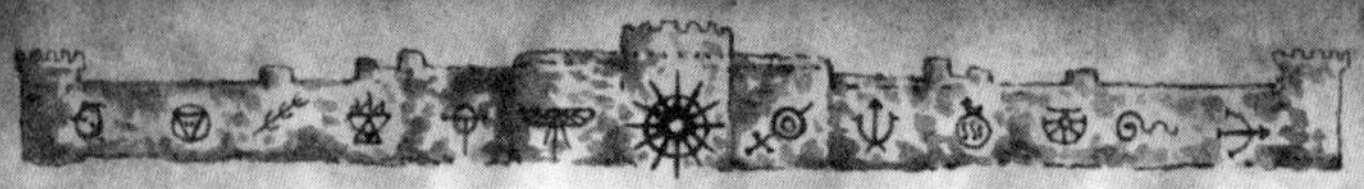

Schlafenden viele seltsame Träume brachte, durchlief ein Grollen das Kloster, das aus der Kammer zu kommen schien. Als Brüder und Schwestern nach dem Rechten schauten, entdeckten sie einen Riss in der Wand, der sich bis in die Steintafel zog und diese vom Zeichen der Herrin Rondra bis zu dem der Herrin Tsa durchschnitt. Als im Rahja der Sarstern, die Spitze des Schwerts, erlosch, erkannten wir, was das Omen angekündigt hatte. Die Frage bleibt, ob noch mehr hinter dem Zeichen steckt.
In der Tiefe des Schachts befinden sich alte Runen an den Wänden, die möglicherweise zwergischen Ursprungs sind. Genau kann es niemand sagen, denn die Kammer ist von göttlicher Kraft erfüllt, die den Geist durchdringt und auf das Stärkste fordert, sodass ein Abstieg nicht einfach ist. Wer mit der Kraft in Harmonie gelangen kann, der empfängt Gesichte, deren Deutung eine unserer wichtigsten Aufgaben ist. Doch nicht wenige werden von den Eindrücken überwältigt und brechen zusammen. Deshalb wird der Zutritt nur erfahrenen Mitgliedern unseres Bundes gestattet.

Die Kosmogonika

Die Urschrift der Kosmogonika befindet sich im Kloster Mantrash'Mor. Der Aureliani-Titel bedeutet *Weltentstehung* und beschreibt den wichtigsten Inhalt des Buches. Es enthält Niederschriften der Visionen von Illumnestra I., die von ihren Anhängern angefertigt wurden. Die Einsicht in die Urschrift kann nur die amtierende Illumnestra erlauben, doch gibt es Abschriften einiger Abschnitte des Buches, auf die man in vielen Bibliotheken stoßen kann. Die Schöpfungsgeschichte, wie du sie im ersten Kapitel findest, wurde sogar ins Brevier

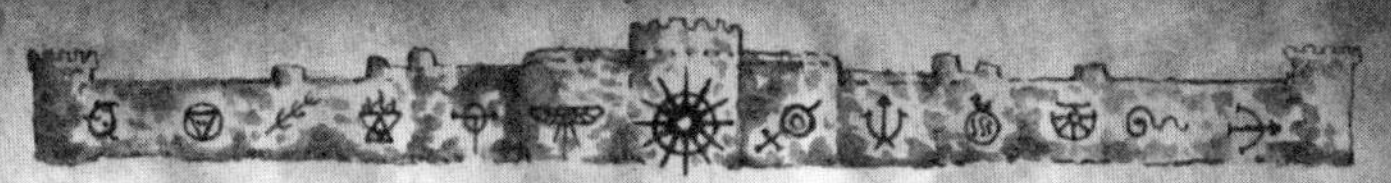

der Zwölfgöttlichen Unterweisung aufgenommen. Bekannt ist das Buch besonders für die klare Aussage, dass es nur zwölf wahre Götter gibt. Das Buch behandelt aber auch viele weitere Themen, darunter Illumnestras Vision vom Weltenende. Sie sah, dass einst die göttliche Ordnung unter dem Ansturm ihrer Feinde zusammenbrechen wird und die Dämonen in die Welt eindringen werden. Götter und Dämonen werden dann in der letzten Schlacht aufeinandertreffen.
Nicht alle in der Kosmogonika enthaltenen Visionen konnten bis heute gedeutet werden. Es gibt auch mehrfache Abschriften einzelner Visionen, die von verschiedenen Autoren angefertigt wurden und sich zu widersprechen scheinen. Diskussionen über die Gültigkeit bestimmter Teile sind ebenfalls nicht ungewöhnlich, denn die Schriften wurden über Jahrzehnte gesammelt, und nicht immer ist eindeutig klar, wann ein Stück geschrieben wurde.

Das Silem-Horas-Edikt

Das zweite wichtige Werk, das wir in Mantrash'Mor verwahren, ist eine Erstabschrift des Silem-Horas-Edikts. Auch die Einsicht in dieses Werk ist nur mit Erlaubnis der amtierenden Illumnestra möglich. Der Band enthält die Namen der zwölf wahren Götter und die Benennung und Einordnung aller Halbgötter in diese Ordnung, so wie du sie im ersten Kapitel findest. Es gibt immer wieder Gelehrte, die um Einsicht in die Erstabschrift bitten, da sie bestimmten Passagen der verbreiteten späteren Abschriften misstrauen. Manche treibt wohl auch der Glaube, wir würden weitere Schriften Silems verbergen, die sein Edikt erweitern oder gar in Frage stellen, und sie könnten Hinweise auf diese entdecken. Dies ist aber

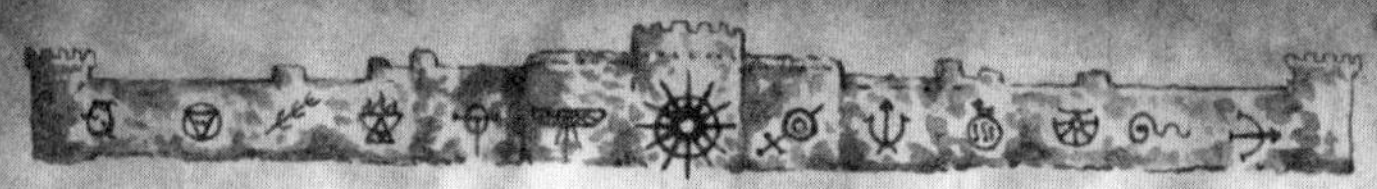

Häresie, der wir entschieden entgegentreten müssen. Es gibt keinerlei Beweise für die Existenz solcher Apokryphen, und auch angebliche Schriften von Illumnestra III., die sich um das Edikt drehen sollen, habe ich noch nie gesehen.

Weitere Schriften

Auch weitere Schriften finden sich in Mantrash'Mor, darunter Aufzeichnungen früherer Illumnestras, Schriften Rohals, Manuskripte verschiedener Horas-Kaiser und vieler weiterer Gelehrter. Darunter sind auch Schriften mit ketzerischen oder anderweitig gefährlichen Inhalten, wie Traktate von Fran-Horas und Hela-Horas. Besonders letztere befinden sich in Bereichen, zu denen der Zugang nur durch die Illumnestra gewährt werden kann, während der Zutritt zum normalen Archiv vom Verwalter des Klosters gewährt wird. Berühmt ist auch die Bibliothek des Klosters Sancta Lamea. Sie beherbergt eine große Sammlung von Reiseberichten und derographischen Werken, sodass viele, die eine Expedition planen, dem Kloster einen Besuch abstatten, um seine Schriften zu studieren.

Gebete

Jede Anrufung der Zwölfe ist ein Gebet, und so gibt es deren unzählige. Willst du eine Bitte an die Götter richten, so bringe ihnen deine Wünsche dar, in Ehrerbietung und mit Respekt. Zum gemeinsamen Gebet mit den Gläubigen sind allerdings überlieferte und allen bekannte Texte wichtig. Jede Kirche kennt solche, derer du dich bedienen kannst. Es gibt aber auch einige Gebete, die sich an alle Zwölf richten. Von diesen will ich dir einige hier vorstellen, auf dass du sie an neue Gläubige weitergeben kannst.

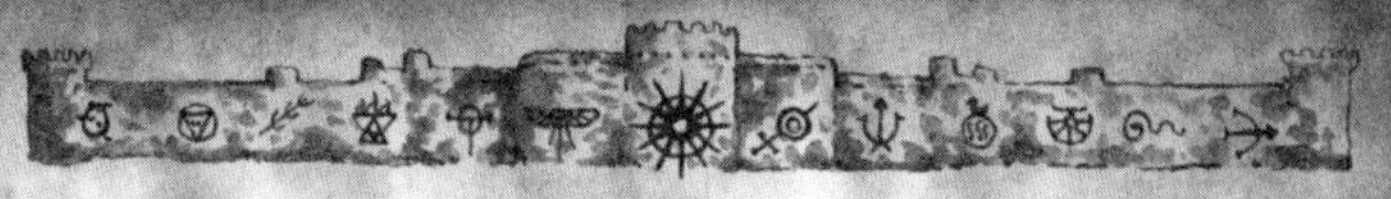

Das Zwölfgöttliche Glaubensbekenntnis

Vom Glaubensbekenntnis existieren verschiedene Versionen, denen aber allen das Bekenntnis zu den Zwölfen gemein ist. Diese Version lernte ich im Kloster Marano kennen:

Wir glauben an die Gemeinschaft der wahren Zwölfe,
an Praios, der uns Gerechtigkeit bringt,
an Rondra, die uns vor unseren Feinden schützt,
an Efferd, der uns auf Fluss und See begleitet,
an Travia, die unser Heim und unsere Familie behütet,
an Boron, der in Schlaf und Tod über uns wacht,
an Hesinde, die unseren Geist lehrt und stärkt,
an Firun, der uns in der Wildnis führt,
an Tsa, die uns neues Leben schenkt,
an Phex, der uns lehrt, uns selbst zu helfen,
an Peraine, die uns heilt und nährt,
an Ingerimm, der unseren Ideen Form verleiht,
an Rahja, die dem Leben die Freude gibt,
an die Halbgötter, ihre Kinder, die selbst göttlich sind,
an die Alveraniare, die ihre Boten an uns Sterbliche sind,
und an die Heiligen, die uns Vorbild sind.

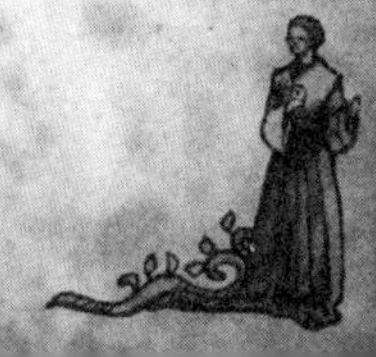

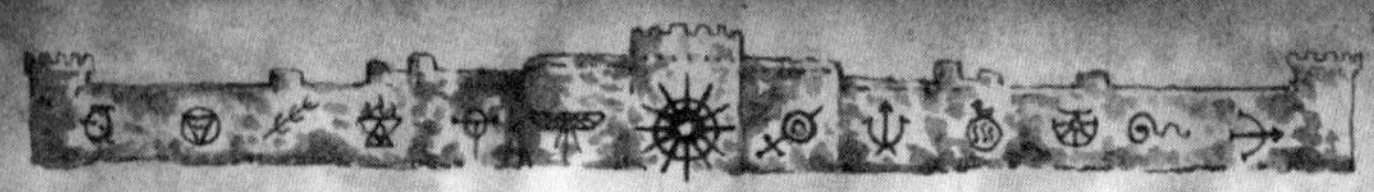

Initiation

Ihr Zwölfe!
Vor Euch steht eine neue Generation,
die begehrt, Eurer Gemeinschaft beizutreten,
die verspricht, Eure Gebote zu achten,
Euch zu ehren und zu preisen,
die göttliche Ordnung zu schützen
und ein göttergefälliges Leben zu führen.
Darum nehmt diese jungen Menschen auf,
vergeltet ihr Versprechen mit Schutz,
ihre Hingabe mit Liebe
und ihre Taten mit dem Paradies.
Denn in Eure Reiche wollen sie einkehren,
am Ende ihrer Tage.
Darum bitten wir Euch,
als Eure demütigen Diener.

Tischgebet

Ihr Zwölfe!
Wir danken Euch
für die Speisen, die ihr uns beschert habt,
für den Schutz unserer Nächsten
und des Kaisers/Horas/Königs, der für uns sorgt.
Gebt, dass es auch morgen wieder so sein wird,
und wir vom Unheil verschont bleiben!

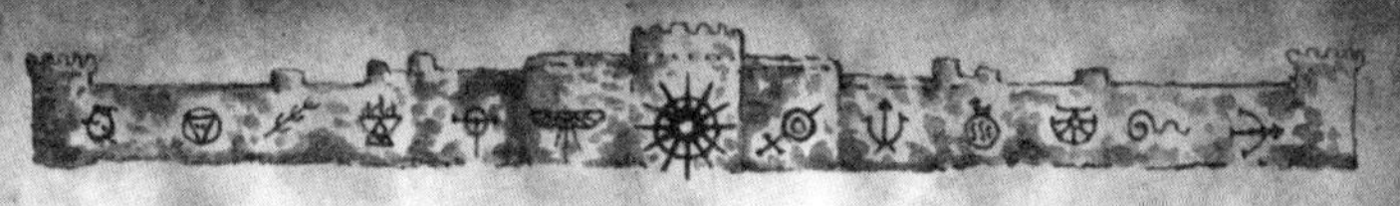

VII

Mit Firuns Stärke
Wichtige Personen des Bundes

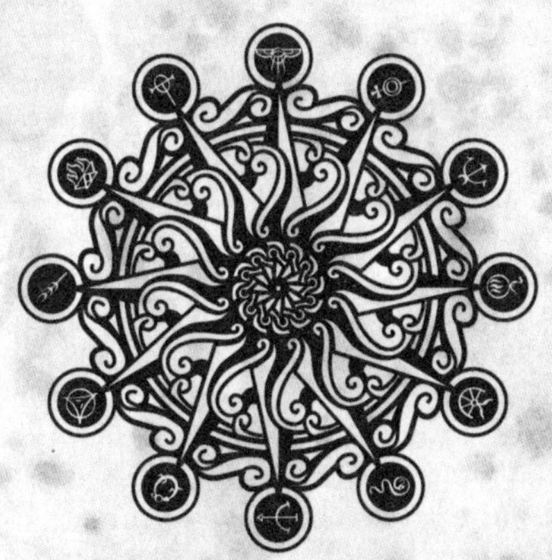

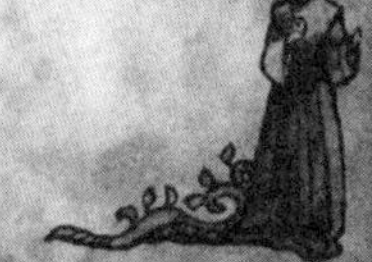

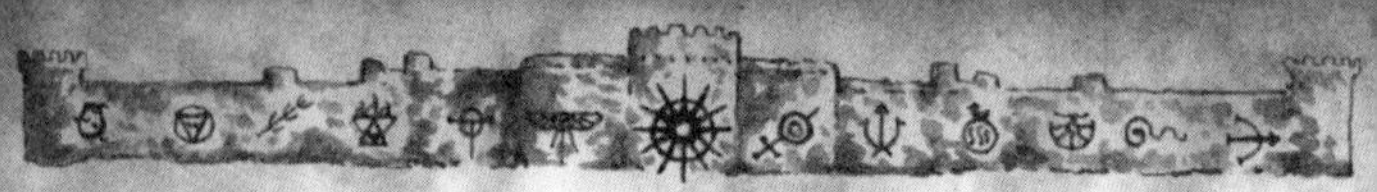

Grundsätze sagen viel über eine Gemeinschaft aus, doch am Ende sind es die Mitglieder, die sie formen. Erfährst du mehr über die herausragenden Persönlichkeiten einer Gruppe, so gibt dir dies einen tiefen Einblick in ihr innerstes Wesen. Willst du also anderen unseren Bund wirklich näher bringen, so musst du ihnen auch vom Leben der Personen berichten, die ihn geprägt haben und prägen.

Illumnestra und ihre Nachfolgerinnen

Die wichtigsten Personen unserer Geschichte sind Illumnestra und ihre Nachfolgerinnen. Ihnen gemeinsam ist, dass über ihren Leben ein gewisser Schleier liegt, der viele Details verdeckt. Selbst wir kennen von keiner den Geburtsnamen, das Geburtsdatum oder den Geburtsort. Es gibt in unseren Archiven zwar viele Schriften der Illumnestras, doch kaum Aufzeichnungen über ihre jeweilige Person. Es heißt, dass diese Punkte unwichtig seien, verglichen mit dem, was wir aus den niedergelegten Visionen erfahren können.

Das Leben unserer Anführerinnen scheint manchen sogar so mysteriös zu sein, dass es immer wieder zu allerlei Gedankenspielen verleitet. Dank ihrer von den Göttern geschenkten langen Lebenszeit von 12 x 12 Jahren hatten wir weniger Oberhäupter, als mancher Gelehrter für glaubhaft hält. So kommt es zu Aussagen, unser Orden hätte eine oder gar mehrere Anführerinnen aus seinen Annalen getilgt. Demnach wäre die gegenwärtige Illumnestra nicht die Zwölfte, sondern die Dreizehnte oder Vierzehnte. Das ist natürlich gefährlicher Unfug, der jeglicher Grundlage entbehrt.

Eine von vielen geteilte Theorie ist hingegen, dass jede Illumnestra einem der Zwölfe geweiht war, so wie die jetzige der

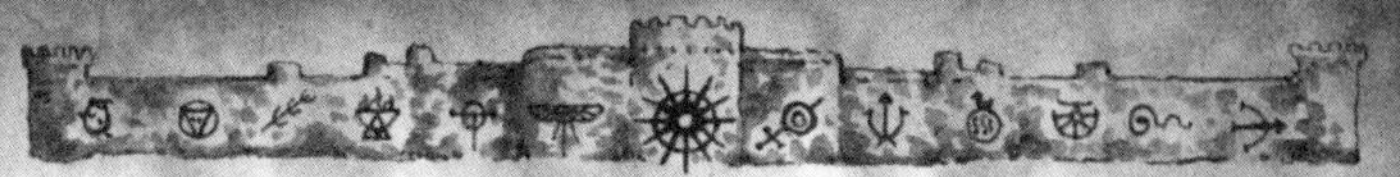

Herrin Rahja geweiht ist. Manche folgern sogar, Illumnestra I. sei dem Herrn Praios geweiht gewesen und die Reihenfolge der Weihen ihrer Nachfolgerinnen sei dem Götterkreis gefolgt. Wir können nicht sicher sagen, ob es tatsächlich so ist, denn durch die große Zeitspanne, die unser Orden bereits existiert, sind viele Aufzeichnungen inzwischen sehr alt und nicht wenige zerstört. Es gibt auch eine Minderheit, die der Überzeugung ist, die erste Illumnestra sei die bisher einzige wahre Zwölfgöttergeweihte gewesen. Klare Beweise gibt es aber für keine der beiden Theorien.

Illumnestra I.

Viele Historiker gehen davon aus, die Prophetin habe um das siebte bis fünfte Jahrhundert vor Bosparans Fall gelebt, da es verzeichnet ist, dass sie die Visionen der Kosmogonika in den dunkelsten Zeiten empfing. Die Dunklen Zeiten währten aber über mehrere Jahrhunderte, und so ist mit dieser Aussage nur eine sehr grobe Schätzung möglich. Wir gehen meist davon aus, dass ihr Schaffen im fünften Jahrhundert begann. Denkt man daran, dass es vor unserem aktuellen Oberhaupt genau elf Trägerinnen des Namens gab, von denen jeder – mit Ausnahme der achten, die ermordet wurde – eine Lebensdauer von 12 x 12 Jahren gegeben wurde, und bedenkt man ferner, dass sie das Amt nie mit der Geburt antraten, so muss Illumnestra I. vor nicht viel mehr als 1.500 Jahren geboren worden sein, also im erwähnten fünften Jahrhundert vor Bosparans Fall.

Ihr Schaffen war offenkundig von den Göttern gesegnet, sodass sie in den unsicheren Zeiten unbeschadet weite Reisen unternehmen und eine Gemeinschaft zusammenhalten konnte, aus der schließlich unser Bund hervortrat.

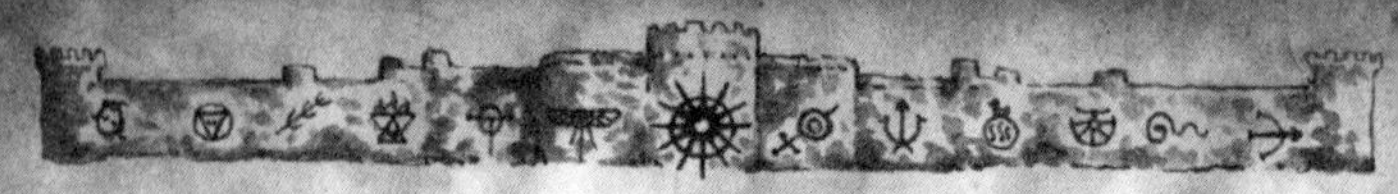

Illumnestra VI.

Illumnestra VI. erlebte, wie gefährlich und hinterhältig die Feinde der göttlichen Ordnung sind. Fast dreihundert Jahre herrschten die Klugen Kaiser und hatten Aventurien eine segensreiche und göttergefällige Zeit beschert, da schlugen sie zu und meuchelten den Kronprinzen Rude kurz vor seiner Krönung. Schlimmer noch, die Feinde schoben die Tat den Dienern der Herrin Rondra unter und entzündeten so einen Konflikt zwischen Praios- und Rondrakirche, der erst in jüngster Zeit, auch dank unserer Vermittlung, wohl endlich ein Ende gefunden hat.

Illumnestra VI. führte unseren Orden in die folgende schwere Zeit, und bewahrte dabei den Keim der Einheit, sodass dieser ab der Herrschaft Rohals erneut sprießen konnte. Sie initiierte aber auch das deutlichste Zeichen der Gemeinschaft der Zwölfe, als sie dank der Zeichen der Götter die Idee zum Zwölfgöttermonument in die Welt setzte.

Illumnestra XII.

Unser aktuelles Oberhaupt ist Erzäbtissin unseres Bundes, Fürstäbtissin des Horasreichs und Geweihte der Herrin Rahja. Die weltliche Macht nimmt sie kaum wahr, sie beschert unserem Kloster Mantrash'Mor aber einige Ländereien in seiner Umgebung. Illumnestra XII. musste erleben, wie Kaiser Hal sich über das Silem-Horas-Edikt hinwegsetzte, als er sich in den Götterstand erheben ließ, wie Orks unser Kloster Marano vernichteten und wie der Dämonenmeister weite Teile des Kontinents verwüstete. Sie hat leidenschaftlich darum gekämpft, dass die Kirchen sich einig gegen die

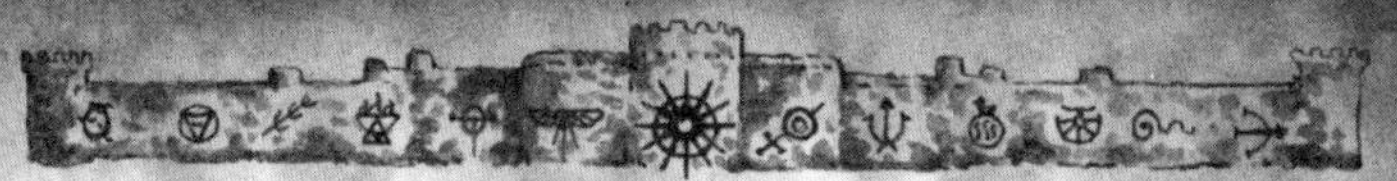

Dämonen Borbarads stellten, und tatsächlich sind das Kloster Göttertrutz und das Zwölfgöttliche Konzil wider die Finsternis zu Perainefurten Zeichen ihres Erfolges. Wir wissen nicht, wie alt die Erzäbtissin wirklich ist, aber 100 Götterläufe hat sie sicherlich bereits erlebt. Ihr Tag wird von der Suche nach den Zeichen der Götter in der Kammer der Prophezeiung bestimmt. Hunderte Seiten hat sie niedergelegt, die zu deuten eine wichtige Aufgabe der Zukunft darstellt. Seit einiger Zeit ruft sie uns dazu auf, die Anhänger Rastullahs nicht mehr als Feinde anzusehen, sondern ihnen mit Toleranz und Freundschaft zu begegnen. Dies hat zu Widerstand und Unverständnis geführt, aber die Illumnestra hat verkündet, dies sei der Wille der Götter, dem wir zu folgen haben.

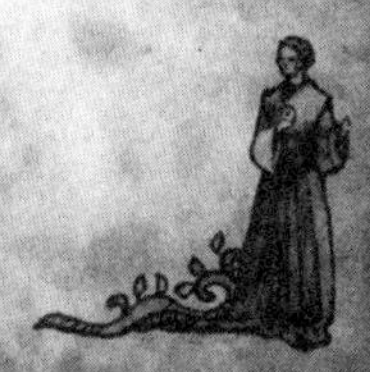

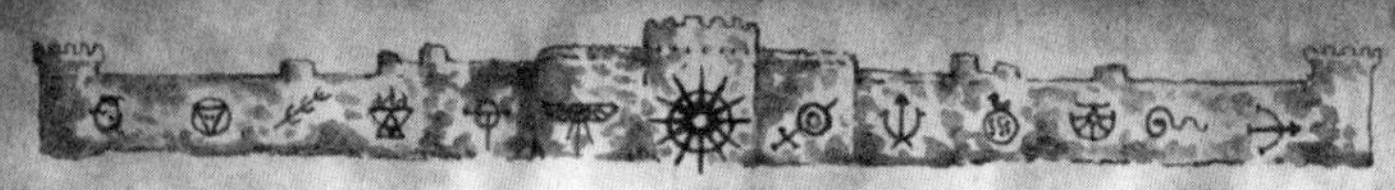

Wichtige Vertreter unseres Ordens

Die folgenden Vertreter unseres Ordens dürftest du bereits kennen, doch mit ein wenig mehr Wissen über ihre Persönlichkeiten, Ziele und Herkunft kannst du mit ihnen die Vielfältigkeit unseres Bundes zeigen, weshalb ich zu jedem von ihnen einige Worte verlieren möchte.

Thalia aus Kutaki

Die Äbtissin des Klosters Göttertrutz in Tobrien ist Geweihte des Herrn Ingerimm und wurde im Jahr 992 BF geboren. Sie war Teil des liebfeldischen Zugs der Edlen, der den Tobriern im Kampf gegen Borbarads Horden beistand. Ich denke, dass sie durch den gemeinsamen Kampf der Kirchen in Tobrien auch die Nähe zu unserem Orden fand. Der Kampf gegen die verbliebenen Dämonenbündler in Tobrien ist ihr größtes Anliegen, und so organisiert sie Questen, die in die Reste der Schwarzen Lande vorstoßen. Sie leitet außerdem das Zwölfgöttliche Konzil wider die Finsternis zu Perainefurten, was ihr bei allen Kirchen großen Respekt eingebracht hat.

Gismondo Bellarini

Der Abt des Klosters Sancta Lamea in Belhanka wurde im Jahr 989 BF geboren. Er wandte sich der Herrin Rahja zu und empfing ihre Weihen. Ich habe ihn als leidenschaftlichen Befürworter einer Mission Uthurias kennengelernt, um den Bewohnern dieses fernen Kontinents auch den Segen der Zwölfe zu bescheren. Er ermuntert mich wohl auch deshalb, dieses Werk zu verfassen, das du gerade in Händen hältst.

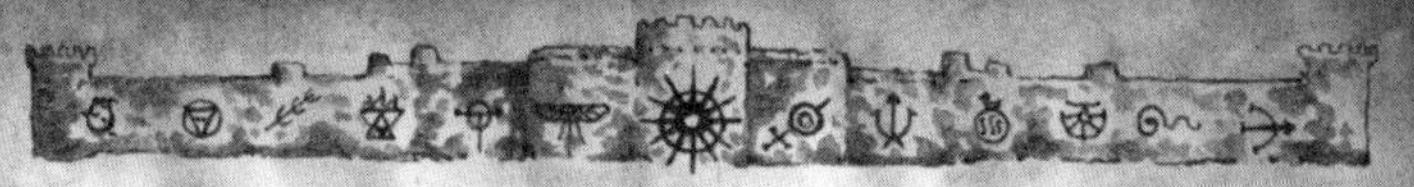

Ancorium aus Mantrash'Mor

Als Gesandter der Illumnestra eröffnete Bruder Ancorium, der 985 BF geboren wurde, 1020 BF das erste Treffen des Zwölfgöttlichen Konzils wider die Finsternis in Perainefurten. Die vom Orden vermittelte Verständigung der Kirchen ebnete sogar den tiefen Graben zwischen den Kirchen des Herrn Praios und der Herrin Rondra, wie die Rückgabe des Schilds der Heiligen Ardare symbolträchtig zeigte. Ich traf Ancorium nie persönlich, ist er doch als Wanderprediger in Tobrien selten länger an einem Ort.

Khorim Jenderen

Wenn Illumnestra XII. einen Gesandten ausschickt, so ist es häufig Bruder Khorim, der 980 BF geboren wurde. Er ist ein eloquenter und begeisternder Redner, und ich habe mehr als einmal erlebt, wie er seine Zuhörer mitreißen kann. Bruder Khorim hat sich viel mit unseren Glaubensgrundsätzen beschäftigt und versucht, mäßigend auf Konflikte zwischen den Kirchen einzuwirken. So hat er sich in der Vergangenheit dafür stark gemacht, am Zwölfgöttermonument beide Kirchen des Herrn Boron gerecht zu beteiligen.

Memento

Niemand scheint den wahren Namen von Bruder Memento zu kennen, seinen Rufnamen erhielt er aufgrund der üblichen Warnung, mit der er viele seiner Reden einleitet: Memento Marano – Gedenket Marano! Ich kann mich nicht erinnern, ob er einst sogar selbst in Marano lebte, unmöglich ist es nicht. Auch mir gegenüber wollte er über diese Zeit jedoch

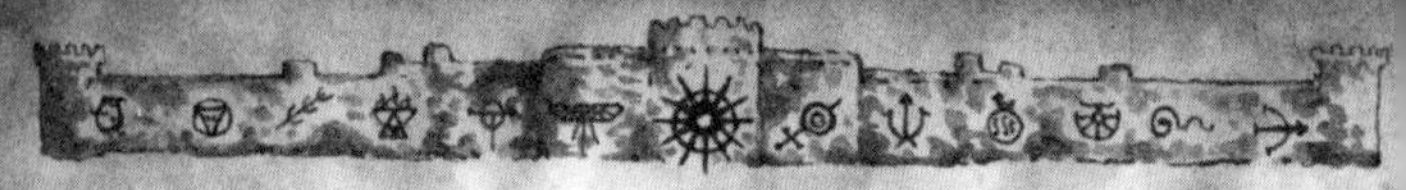

nicht sprechen. Sicher ist aber, dass er seit gut 30 Jahren in Gareth zu den Menschen vom wahren Glauben predigt und in Zeiten der Krise den Einwohnern Hoffnung gegeben hat. Die Gerüchte, er würde die Seelen von zwölf in Marano gefallenen Geweihten in seiner Brust bergen, sind dagegen der pure Aberglaube schlichter Gemüter.

Miron ab Djugan'Kaij

Bruder Miron wurde 996 BF geboren und stammt ursprünglich aus Mengbilla. Er dient der Illumnestra als Verwalter des Klosters Mantrash'Mor und kümmert sich dort um alle weltlichen Angelegenheiten. Er ist der Herrin Hesinde geweiht und kümmert sich auch um die umfassenden Archive des Klosters. Ich habe ihn als leidenschaftlichen Feind der Schwarzen Lande kennengelernt, der gewissenhaft seine Aufgabe als Verwalter erfüllt.

Soleria Aurealis

Die Praiosgeweihte aus Punin wurde 988 BF geboren und lebt als Ordensmitglied auf Mantrash'Mor. Sie vertritt, im Gegensatz zur aktuellen Illumnestra, eine sehr konservative Linie gegenüber den Rastullahgläubigen, von denen auch einige im Umland des Klosters leben. In meinen Gesprächen mit ihr habe ich sie als aufrechte Kämpferin gegen die Finsternis kennengelernt, die befürchtet, Toleranz gegenüber Nichtzwölfgöttergläubigen würde den Bund auf Dauer schwächen.

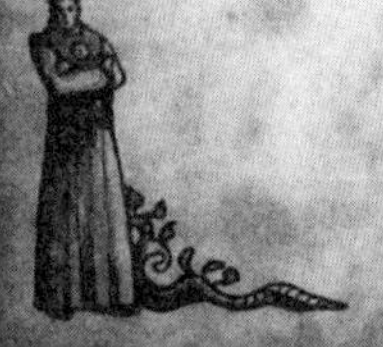

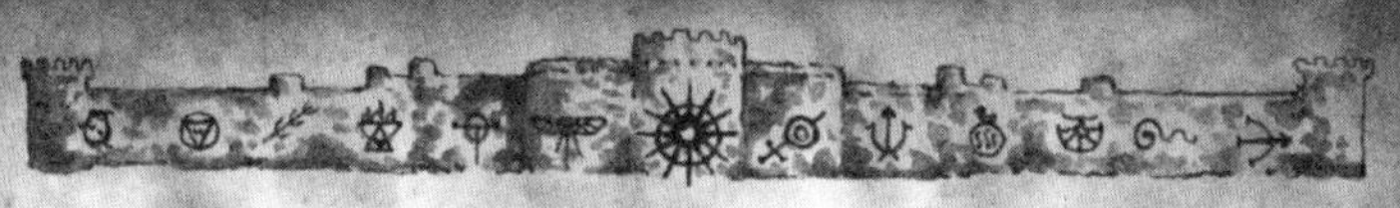

VIII

Tsas ewige Erneuerung
Visionen der Zukunft

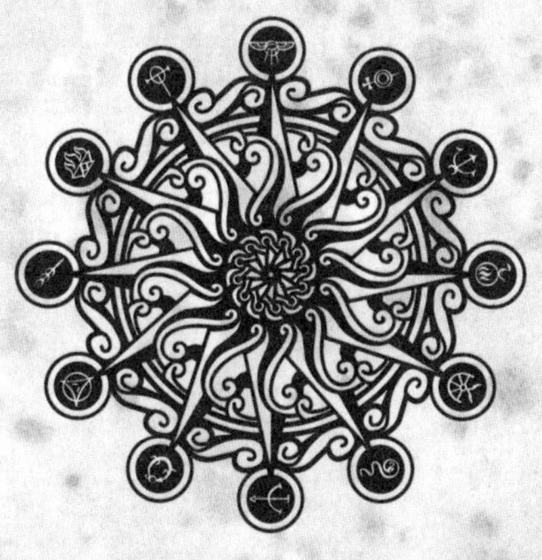

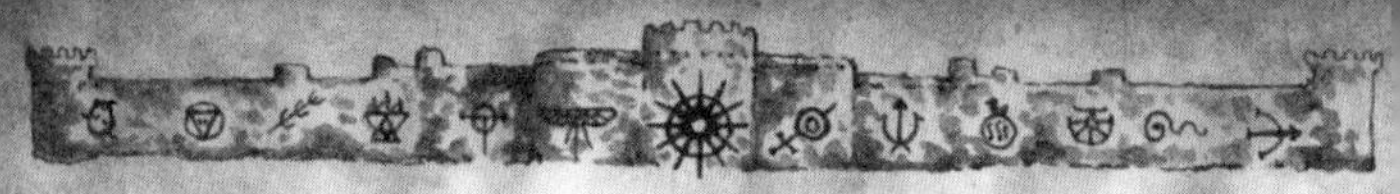

Wenn wir Sterblichen unsere Bitten und Gedanken den Göttern mitteilen wollen, so beten wir. Wir richten also Worte an die Unsterblichen, die, egal ob kunstvoll oder einfach, gesungen oder gesprochen oder gar nur stumm gedacht, ihren Weg zu den Göttern finden. Doch wie sprechen die Götter zu uns? Einfache Wesen, die wir sind, können wir nicht hoffen, dass das umfassende Wissen, welches die Götter mit uns teilen mögen, sich in unserer beschränkten Sprache ausdrücken lässt. Vielmehr nutzen die Botschaften der Götter alle unsere Sinne und bestehen aus komplexen Bildern, verbunden mit Geräuschen und Gerüchen. Die Eindrücke sind gerade so einfach gestaltet, dass wir sie mit Mühe verstehen können, aber komplex genug, dass sie nicht allen tieferen Sinn verlieren.

Willst du daher den Willen der Götter erkunden, so musst du deinen ganzen Verstand für diese Aufgabe öffnen. Nichts darf dich ablenken, denn dann wird dein Geist nicht in der Lage sein, eine göttliche Botschaft wirklich zu verstehen. Der Weg zum Ziel ist die Meditation, weshalb jedes Mitglied unseres Bundes sich regelmäßig in dieser üben soll. Denke stets daran: Solltest du als Missionar in der Ferne weilen, mag die Meditation der einzige Weg sein, der dir Antworten auf schwierige Fragen geben kann.

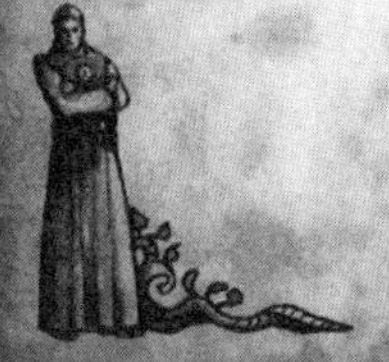

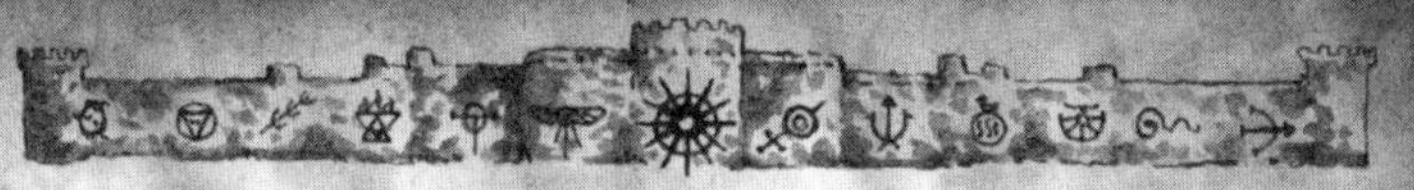

Von den Arten zu meditieren

Vielfältig wie die Götter sind auch die verschiedenen Formen der Meditation. Allen gemein ist, dass sie deinen Geist leeren sollen, sodass er empfänglich wird für die von den Göttern gesandten Visionen. Probierst du verschiedene Formen aus, so achte darauf, bei welchen du deine Gedanken einfach laufen lassen kannst. Vier Wege der Meditation möchte ich dir hier vorstellen:

Der erste Weg ist der des stillen Beobachters: Setze dich bequem an eine Stelle, an der dein Blick sich in die Ferne richten kann, ohne von Details abgelenkt zu werden. Du kannst auch den Blick auf eine abstrakte Zeichnung, den Sternenhimmel oder auf eine natürliche Form richten, wie einen Stein oder einen Baum. Stelle sicher, dass niemand dich stören wird und keine Bewegung dich aus der Konzentration reißt. Atme ruhig und gleichmäßig. Leere deine Gedanken, bist du an nichts mehr denkst. Wenn es dir hilft, kannst du dazu murmelnd oder in Gedanken ein Gebet rezitieren oder eine Melodie summen. Wichtig ist nur, dass dies recht eintönig in gleichmäßiger Wiederholung geschieht. Du wirst merken, dass du nach jeder Wiederholung weniger daran denken musst, bist du schließlich die Stufe der Trance erreichst. Nun ist dein Geist bereit, Visionen zu empfangen.

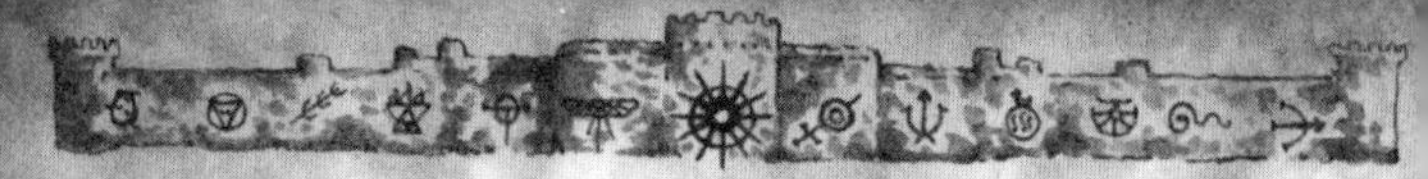

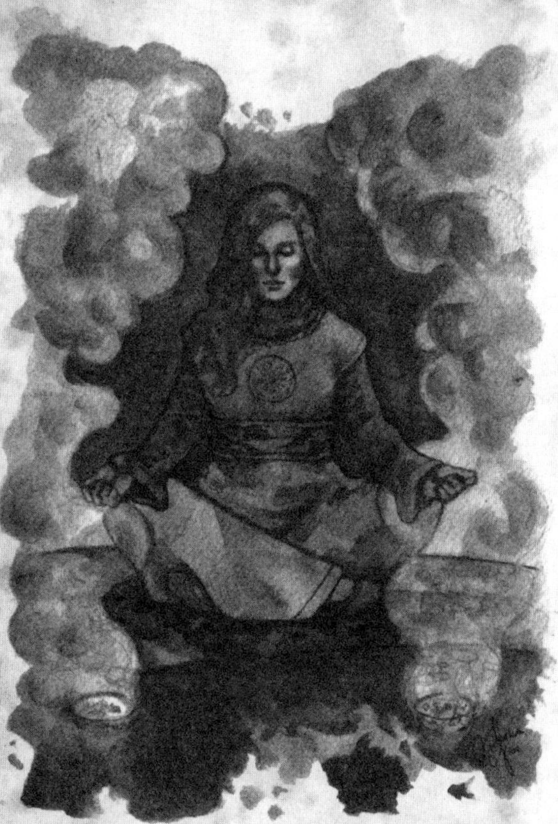

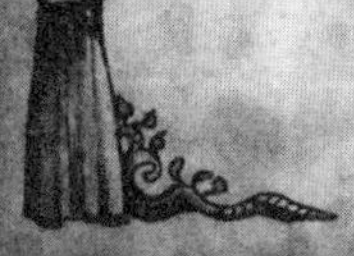

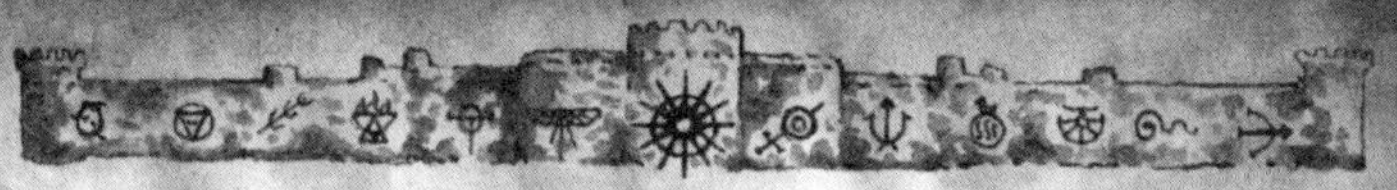

Der zweite Weg ist der des rituellen Handelns. Wähle eine Tätigkeit aus, die dir leicht von der Hand geht und die dir vom Wesen her vertraut ist. Dies kann das Malen sein oder das Schmieden eines Stücks Eisen oder das Töpfern eines Krugs. Auch hier ist es wichtig, dass du bei der Arbeit Ruhe findest und deinen Geist leerst, indem du die Arbeitsschritte immer und immer wiederholst, bis du keinen Gedanken mehr an sie verschwenden musst. Die stete Gleichmäßigkeit wird dich auch in diesem Fall in eine Trance versetzen, in der dein Geist offen für Visionen ist.

Der dritte Weg ist der des rituellen Kampfes. Er ähnelt stark dem zweiten Weg, doch nutzt man bei ihm die üblichen Bewegungsabläufe des Kampfes. Wer den Umgang mit einer Waffe übt oder ein der vielen Arten des waffenlosen Kampfs erlernt, der muss dabei meist bestimmte Bewegungsabläufe sehr häufig wiederholen, bis sie in Fleisch und Blut übergegangen sind. Beherrscht man sie schließlich so gut, dass man sie ausführt, ohne nachdenken zu müssen, so bieten sie sich diese Abläufe ebenfalls an, um den Geist zu leeren und den Status der Trace zu erreichen.

Der vierte Weg, der aber gewisse Risiken in sich birgt, ist der der träumenden Vision. Durch das Konsumieren eines Rauschmittels kannst du ebenfalls den Zustand der Trance erreichen, was tatsächlich weniger Übung benötigt als die anderen Wege. Es gibt hierbei aber andere Probleme: Ist die Do-

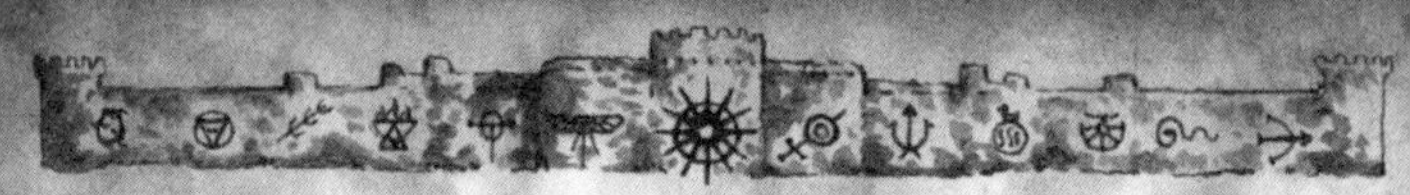

sis zu hoch, so wird dein Geist betäubt und unempfänglich für Visionen. Ist sie zu niedrig, reicht das Mittel nicht alleine, um dich in Trance zu versetzen. Manche Mittel erzeugen auch ein dauerhaftes Verlangen, sodass du nicht mehr ohne sie leben kannst. Willst du diesen Weg beschreiten, so solltest du auf jeden Fall erst die Erfahrungen eines Bruders oder einer Schwester einholen, der oder die in ihm bewandert ist.
Zuletzt noch einige Worte zum Platz der Meditation. In den Klöstern befinden sich spezielle Orte, die nur dafür gedacht sind, dass man sich an ihnen zur Meditation zurückziehen kann. Lebst du dort einige Zeit, so kannst du dich auf sie besonders gut einstellen, sodass die Meditation dir immer leichter fallen wird. Ganz besonders gilt dies natürlich für die Kammer der Prophezeiungen in Mantrash'Mor, die aber schon dadurch hervorsticht, dass sie offensichtlich vom göttlichen Geist besonders durchströmt wird. Suchst du in der Fremde einen ruhigen Platz zur Meditation, so mag es sinnvoll sein, in die Wildnis zu ziehen. Abseits der Wege und Häuser, in der ungestörten Einsamkeit, ist der Wille der Götter häufig ebenfalls besonders gut erlebbar.

Von der Deutung der Bilder

Hast du eine Vision empfangen, so schätze dich glücklich, denn dir wurde eine Botschaft der Götter zuteil! Doch kommt nun der meist schwierigere Teil, denn die Bilder zu deuten kann sich als Aufgabe erweisen, die sehr lange dauert oder gar unlösbar ist. So gibt es noch heute Visionen von Illumnestra I., die wir nicht oder nicht zur Gänze verstehen.

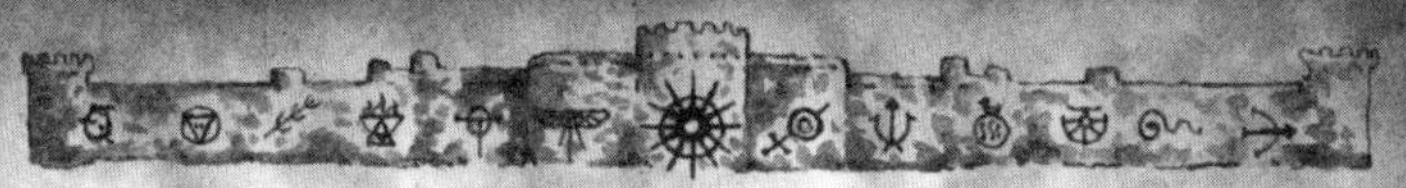

Wichtig ist zunächst, dass du deine Vision möglichst schnell niederschreibst. Manchmal mag auch das Erstellen einer Zeichnung sinnvoll sein, wenn es um eine besonders reichhaltig anzuschauende Vision geht. Warte nicht zu lange mit der Verschriftlichung, denn häufig verblassen die Details der erlebten Bilder rasch. Selten gibt es Visionen, die sich wie ein Brandzeichen in deinen Geist zu prägen scheinen, sodass du sie womöglich nie mehr vergessen wirst. Dies passiert aber nur wenigen Auserwählten, die meisten erleben es nie.

Wie deutet man nun die empfangenen Botschaften? Dafür gibt es keine Lösung, die immer funktioniert. Dein Geist, so scheint es, setzt das, was die Götter ihm zeigen wollen, in Bilder um, die sich dem wahren Inhalt symbolisch soweit nähern, wie es deinem Verstand möglich ist. Achte meist also weniger auf die konkrete Person oder den konkreten Gegenstand, sondern versuche zu ergründen, für was sie ein Bild sein könnten. Die Schwierigkeit besteht dabei darin, dass die Bedeutung des Betrachteten vom größeren Ganzen abhängt. So, wie ein Dolch ein Werkzeug oder eine Waffe sein kann, so ist auch in Visionen der Sinn des einzelnen Elements von seinem Zusammenspiel mit anderen Elementen abhängig.

Das Ergründen einer Vision kann also lange dauern. Oft liegt es auch daran, dass man selbst in Gedanken nur ausgetretene Pfade beschreitet und so im Kreis läuft. Deswegen solltest du dich mit anderen über deine Visionen austauschen. Oft bringen Gesprächspartner durch ihren anderen Blick Ideen ein, die dir helfen mögen. Wir verwahren auch Deutungen unzähliger Prophezeiungen der Vergangenheit. Das Studium dieser mag dir ebenfalls helfen, deine Vision zu deuten.

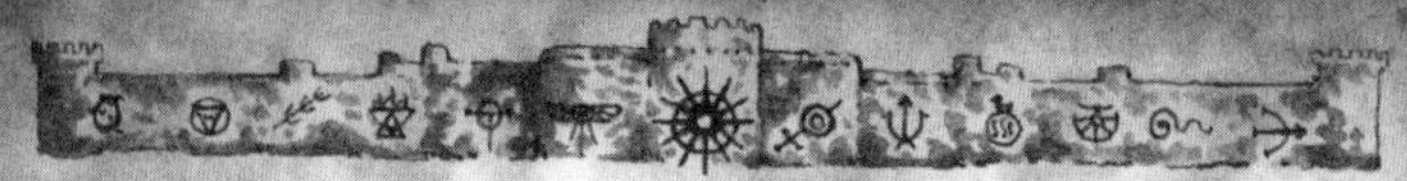

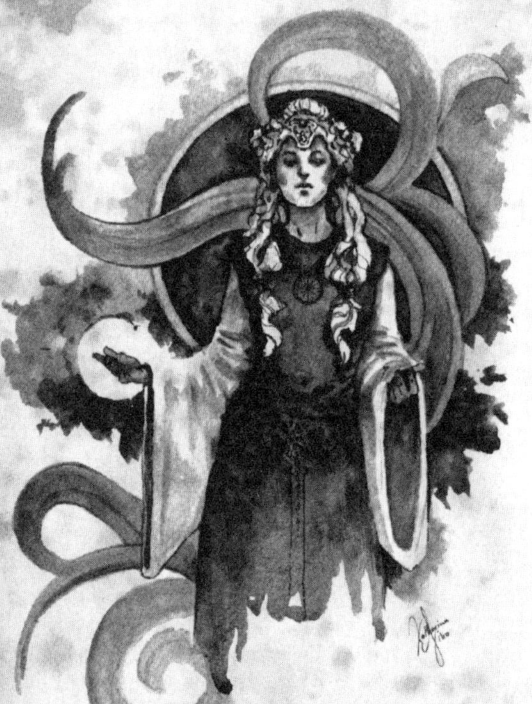

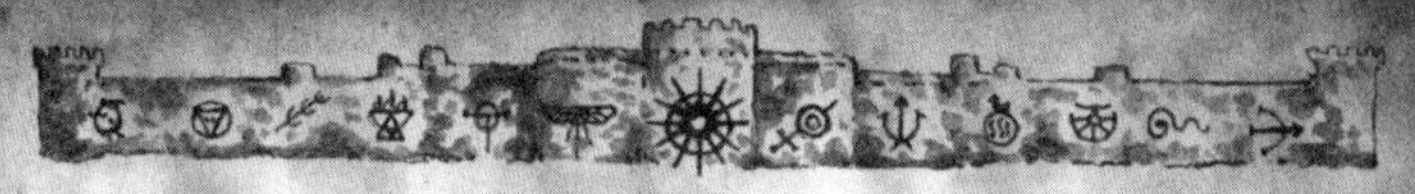

Von den Möglichkeiten der Zukunft

Das Wissen, das wir von den Göttern durch Visionen erfahren, kann nicht die Vergangenheit ändern, höchstens erklären. Meist soll es uns aber helfen, für die Gefahren der Zukunft gewappnet zu sein. Denn die Götter sind die Hüter der Schöpfung, und so senden sie uns Zeichen, wie wir diese gegen ihre Feinde schützen können. Was haben wir also jenseits von Satinavs Schleier zu erwarten?

Illumnestra XIII.

Jede Illumnestra empfängt zu Lebzeiten Visionen zu der Frage, wer einst ihre Nachfolge antreten wird und wie nach ihrem Tod die Nachfolgerin gefunden werden kann. So wird auch unser jetziges Oberhaupt einst wissen, oder weiß es möglicherweise schon, wer ihr nachfolgen wird. Wer auch immer es sein mag, der dreizehnten Illumnestra wird eine entscheidende Rolle prophezeit. Es heißt, dass sie uns in der finsteren Zeit führen wird, in der der Kampf um das Weltenende entschieden werden mag.

Wenn es stimmt, dass jede des bisherigen Illumnestras einem der Zwölfe geweiht war und dabei keine zwei der gleichen Gottheit folgten, dann stellt sich die Frage, wem die nächste geweiht sein wird. Die Zahl Dreizehn löst dabei verständliches Unbehagen aus, doch gibt es zwei Theorien, die eine göttergefällige Erklärung bieten. So, wie manche denken, die erste Illumnestra sei die bisher einzige wahre Zwölfgöttergeweihte gewesen, so gibt es auch solche, die denken, die dreizehnte werde die erste wahre allen Zwölfen Geweihte sein. Andere wiederum vermuten, dass, so wie im Jahreslauf

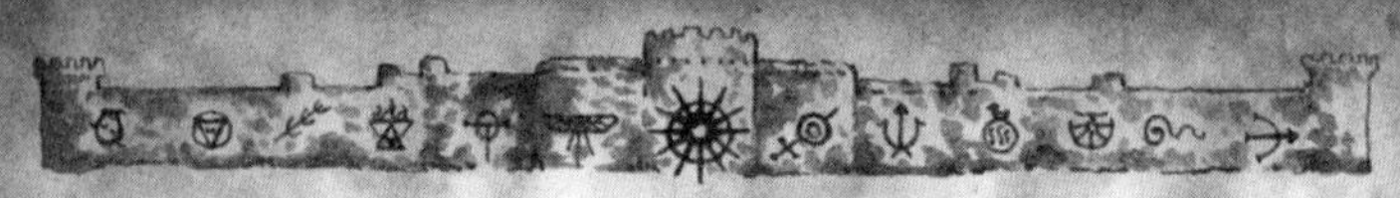

auf den Rahjamond nach dem Überstehen der Namenlosen Tage wieder der Praiosmond folgt, Illumnestra XIII. Praios geweiht sein wird und mit ihr somit lediglich ein neuer Zyklus beginne.

Rastullah

Seit die Wüstenvölker der Khôm ihrem angeblichen Eingott Rastullah folgen, hat es viele Kämpfe zwischen ihnen und uns Zwölfgöttergläubigen gegeben. Es scheint jedoch, dass seit einigen Jahrzehnten eine vorsichtige Annäherung zwischen dem Kalifat und seinen zwölfgöttergläubigen Nachbarn stattfindet. Als Al'Anfa Krieg gegen die Rastullahgläubigen führte, erhielten diese Unterstützung durch das zwölfgöttergläubige Mittelreich. Der einstige kaiserliche Prinz Selindian Hal ging sogar den Ehebund mit der Tochter des Kalifen ein, und so ebbten selbst im streitbaren Almada die Konflikte zwischen den Glaubensgemeinschaften ab.
Viele unserer Brüder und Schwestern sehen diese Annäherung jedoch mit Sorge. Auch wenn sie den Frieden in der Regel durchaus begrüßen, sorgen sie sich, dass die Tolerierung des Rastullahglaubens die zwölfgöttliche Gemeinschaft schwächen wird. Doch auch Illumnestra XII. ruft seit einigen Jahren zu Toleranz und Freundlichkeit gegenüber den Rastullahgläubigen auf. Sie hat uns verkündet, dass dies der Wille der Götter sei, und so bleibt uns nichts anderes übrig, als ihren Worten zu folgen, obwohl es Einzelne gibt, die sich offen gegen diese Annäherung stellen. In den umkämpften Herrschaften des Yaquirbruchs, den Taifas, hat ihr Kurs aber dazu geführt, dass die Erzäbtissin inzwischen selbst bei den Anhängern Rastullahs ein hohes Ansehen genießt.

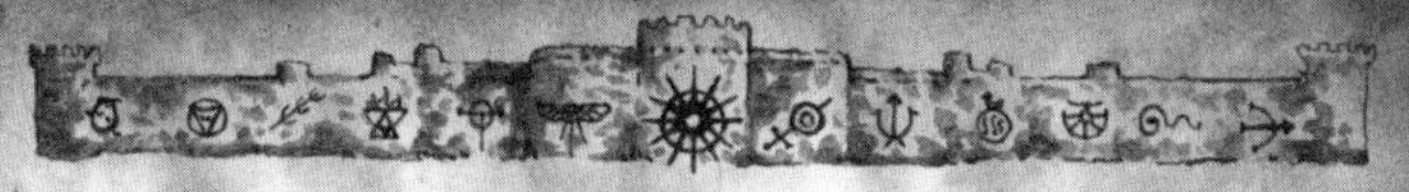

Der Sternenfall

Seit der Lichtvogel, der Bote von Allvater Los, 1021 BF das Nahen der Weltzeitenwende, des Karmakorthäons, verkündete, wissen wir, dass uns Zeiten bevorstehen, welche die Sphären erschüttern mögen. Seit die Sterne zu fallen begonnen haben, sehen wir jede Nacht am Sternenhimmel die Zeichen, dass die göttliche Ordnung bedroht ist. So kommt nun wohl eine Zeit, in der die wahren Götter sich des Ansturms der Götzen und Dämonen erwehren müssen, die versuchen, die Grundfesten Alverans auszuhöhlen. Auch der Namenlose scheint diese Zeit zu nutzen, um an seinen Ketten zu rütteln und Verderben nach Dere zu bringen.

Viele von uns erwarten, dass in dieser Zeit, die Jahrhunderte dauern mag, Illumnestra XIII. einst die Entscheidung bringen wird. Manche munkeln auch, dass die Wesenheit Rastullah, auch wenn sie kein Gott ist, in der Zukunft eine wichtige Rolle spielen wird. Auf jeden Fall müssen alle Gläubigen wachsam sein und vor allem die Ränke des Namenlosen aufdecken, dessen Diener in der Vergangenheit bereits versucht haben, Zeiten des Chaos für ihre finsteren Zwecke zu nutzen.

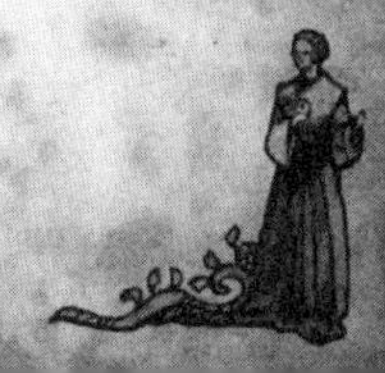

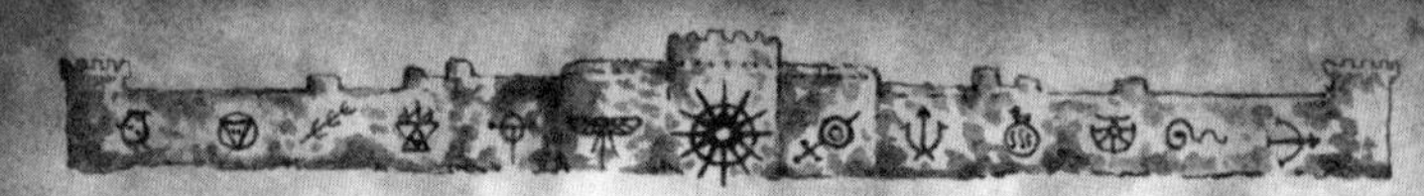

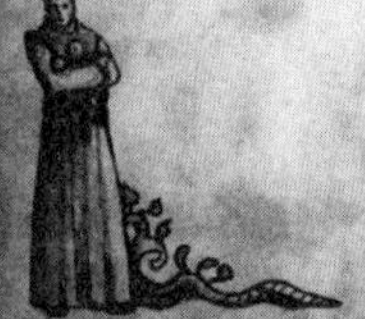

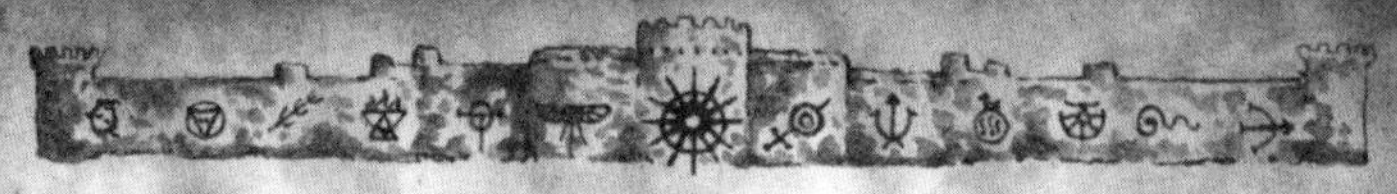

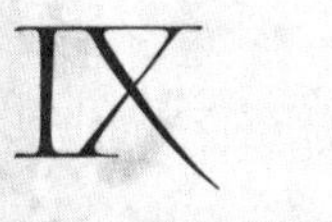

Phexens Schläue

Von der Problematik, es allen Zwölfen recht zu machen

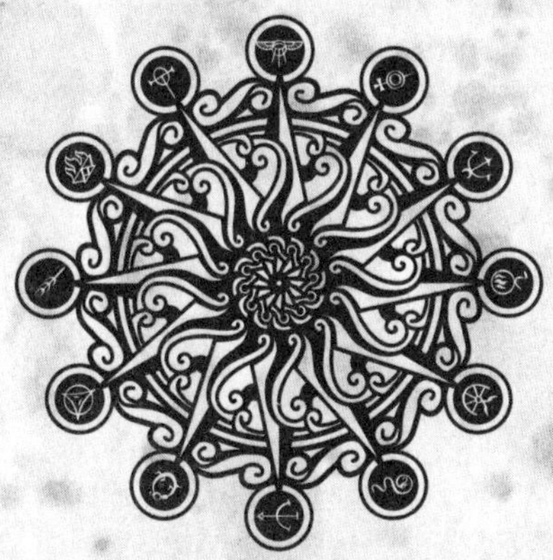

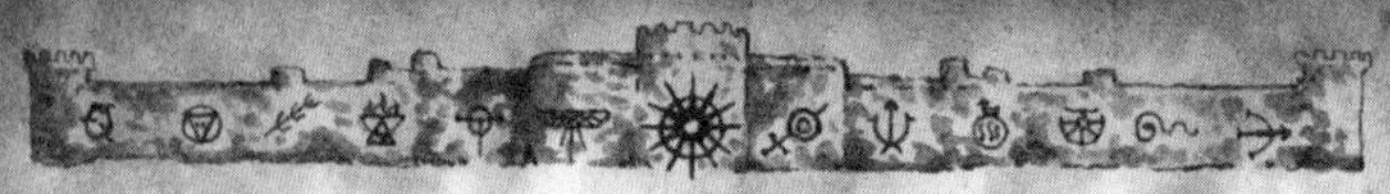

Eine der lebenslangen Herausforderungen, der jeder von uns sich stellen muss, ist die Frage, wie wir die verschiedenen Grundsätze, die die Zwölfe für die Schöpfung festgelegt haben, möglichst alle befolgen können, wo sie sich doch scheinbar widersprechen. In vielen Diskussionen habe ich erlebt, wie Gelehrte bereits bei dieser Formulierung protestieren und wortreich ausführen, dass die Grundsätze sich doch nicht nur zu widersprechen *scheinen*, sondern es in der Tat offensichtlich *tun*. Deshalb möchte ich auf den Punkt des scheinbaren Widerspruchs vorweg eingehen.
Wie ich schon im vorigen Kapitel ausführte, empfangen wir Sterblichen von den Göttern Zeichen und Visionen, mit denen sie uns den richtigen Weg für unser Leben aufzeigen. Doch stehen die Unsterblichen soweit über uns, dass ihr Verstand, wenn man ein solch simples Wort überhaupt für den Geist eines Gottes benutzen darf, so viel mächtiger ist als der unsere, dass uns schlicht die Möglichkeit fehlt, vollständig nachzuvollziehen, was die Götter als Ordnung festgelegt haben. Die göttliche Ordnung, die von der Einheit der Zwölfe gehütet wird, ist perfekt. Doch unser Verständnis dieser Ordnung ist es nicht, und kann es auch nicht sein. Alle Widersprüche, die wir ausmachen, entstehen daher aus unserer eigenen Unvollkommenheit und nicht aus der Ordnung an sich, denn die Vorstellung einer widersprüchlichen Ordnung ist selbst widersprüchlich. Für die Götter müssen wir als halbblinde Kreaturen erscheinen, die sich durch einen schlecht beleuchteten Raum voller Fallstricke bewegen. Egal, wie geschickt wir sind, manchmal werden wir stolpern und fallen.
Wichtig ist aber auch, dass uns die Tatsache, dass wir fehlerhaft sind, nicht von der Verantwortung befreit, immer den besten Weg zu suchen, egal wie schwierig dies sein mag. Wer

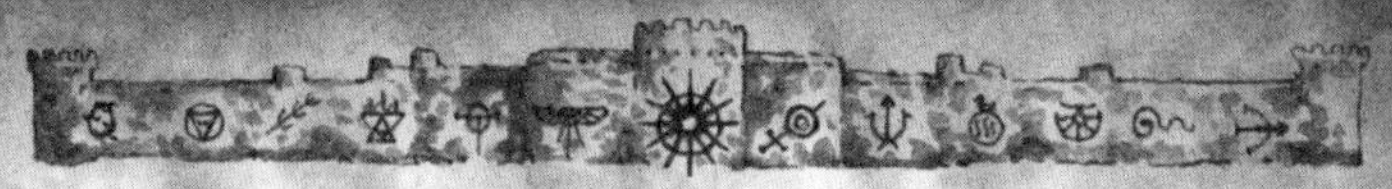

aus eigentlich richtigen Gründen Fehler macht, der handelt zwar falsch, aber nicht frevelhaft, und die Götter werden seine Reue akzeptieren. Wer jedoch schlechte Absichten hegt, dessen Seele wird durch das falsche Verhalten einen dauerhaften Makel erleiden, und dessen Weg in die zwölfgöttlichen Paradiese wird schwer. Willst du über die Taten eines anderen richten, so bedenke also auch stets seine Absichten. Wer falsch handelt, den muss man von seinen Taten abbringen, und der soll, wenn möglich, den Schaden wieder gutmachen, den er angerichtet hat. Wer aber frevelt, der verdient eine harte Strafe und wird ohne ehrliche Buße keine Gnade vor den Augen der Götter finden.

Vom Umgang mit Widersprüchen

Situationen, die uns auf den ersten Blick nur widersprüchliche Möglichkeiten zu ihrer Lösung lassen, treten also über kurz oder lang immer aufs Neue auf. Deshalb musst du den Umgang mit ihnen erlernen. Grundsätzlich gilt, dass du deine Entscheidungen stets nach bestem Wissen und Gewissen treffen sollst. Das verhindert nicht, dass dir Fehler unterlaufen, aber diese werden so verzeihbar sein und deiner Seele keinen Schaden zufügen. Wer dagegen aus böser Absicht oder Nachlässigkeit der göttlichen Ordnung schadet, der lädt eine Schuld auf sich, die nur durch wirkliche Sühne beglichen werden kann. Die Angst vor einer falschen Entscheidung darf dich aber nicht davon abhalten zu handeln, wenn dies nötig ist. Bedenke, dass auch nichts getan zu haben eine Entscheidung darstellt, für die du die Verantwortung trägst. Es mag durchaus sein, dass das Nichtstun eine sinnvolle Option darstellt, doch wenn, dann sollte es aus den richtigen Gründen

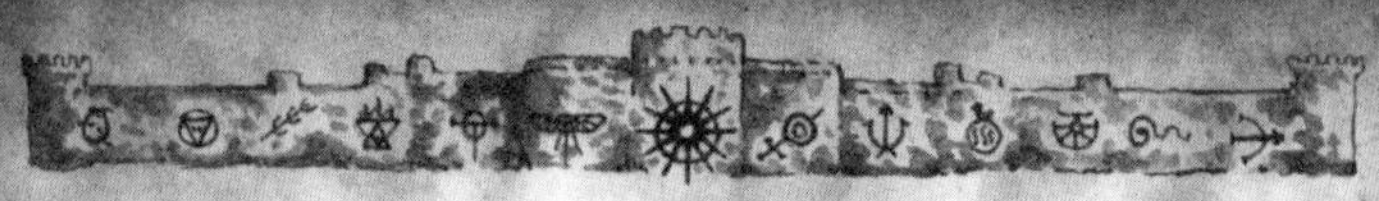

erfolgen, nicht aus der Angst vor Fehlern. Hast du nur wenig Zeit für deine Entscheidung oder lassen dich die Umstände sie nicht umfassend überdenken, dann verlasse dich auf deine innere Stimme. Sie stammt von deinem Gewissen, das oft schon den richtigen Weg erkennt, wenn dein Kopf noch versucht abzuwägen. Hast du jedoch ausreichend Zeit, so sieh dir die problematische Situation zunächst genau an. Überprüfe alle Annahmen auf ihre Richtigkeit, spreche mit den beteiligten Personen und schaffe so zunächst eine unstrittige Basis für deine Entscheidung. Überlege dir, welche Möglichkeiten zum Handeln dir offen stehen. Dies ist ein sehr wichtiger Punkt, denn oft übersieht man Lösungen, weil sie nicht naheliegend sind, oder tut sie voreilig ab, weil sie zunächst nicht umsetzbar scheinen. Scheue dich deshalb niemals, andere um Rat zu fragen. Denn auch dies ist eine Stärke der Gemeinschaft: der Beschränktheit des eigenen Geistes mit der Vielfalt der Gedanken aller Mitglieder begegnen zu können.
Prüfe für jede Möglichkeit, ob die göttlichen Prinzipien, die du im Widerstreit siehst, wirklich für sie von Belang sind. So stimmt es beispielsweise, dass die Herrin Rondra den gerechten Kampf zwischen zwei Kontrahenten fordert, aber dies gilt nicht für alle denkbaren Kämpfe. Einen Schwarzmagier ohne einen ehrenhaften Zweikampf zu stoppen, wenn er Dämonen aus den Niederhöllen ruft, verstößt sicher nicht gegen Rondras Gebote. Selbst die Herrin Tsa wird dem Kampf in diesem Fall, auch wenn ihr das friedliche Miteinander besonders wichtig ist, nicht als Frevel sehen.
Hast du alle Möglichkeiten abgewogen und es bleibt dennoch ein Widerspruch in Deinem Denken bestehen, dessen Auflösung dir nicht gelingt, dann musst du einen Weg finden, dessen ungeachtet eine Entscheidung herbeizuführen. Überlege

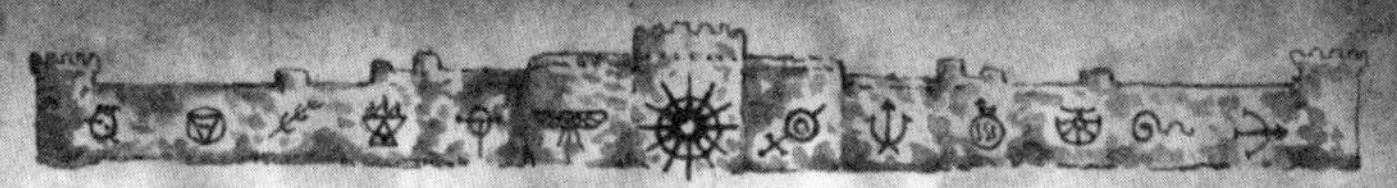

dabei stets, ob die Folgen deiner Handlungen die Situation verbessern werden. Nur dann solltest du überhaupt handeln. Drei Möglichkeiten will ich dir dafür aufzeigen.

Entscheidung durch logische Abwägung

Leitet dich die reine Vernunft, so kläre zunächst die Kriterien deiner Entscheidung. Was ist von Belang? Überlege dann, welche der widerstreitenden Prinzipien du in der gegebenen Situation für besonders wichtig hältst. Wäge also ab, gegen welches Gesetz ein Verstoß schwerer wiegen wird. Verfolgst du die Spur eines Missetäters, so verfolgst du Praios' Prinzipien von Recht und Ordnung. Doch kann es vorkommen, dass eine offene Untersuchung, wie Praios sie fordert, den Täter warnt und das Anliegen scheitern lässt. Hier rät Phex zum heimlichen Vorgehen und steht damit für uns im Konflikt mit Praios. Siehst du den Ausgang der Untersuchung als entscheidend an, dann ist ihr Erfolg, der Recht und Ordnung wiederherstellen soll, sicher wichtiger, als sie unbedingt im Lichte der Öffentlichkeit vorzunehmen. So wird Phexens Heimlichkeit in der Abwägung dieser Situation vor Praios' Offenheit stehen.

Bist du dir nicht sicher, welches Prinzip schwerer wiegt, so hole, wenn möglich, die Meinung anderer ein oder studiere die Aufzeichnungen, die wir über ähnliche Entscheidungen besitzen. Schließe immer die möglichen Folgen in deine Überlegungen mit ein und auch, für wie wahrscheinlich du ihr Eintreten hältst.

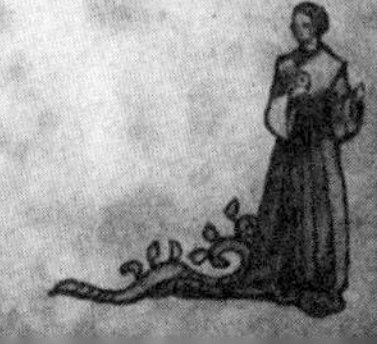

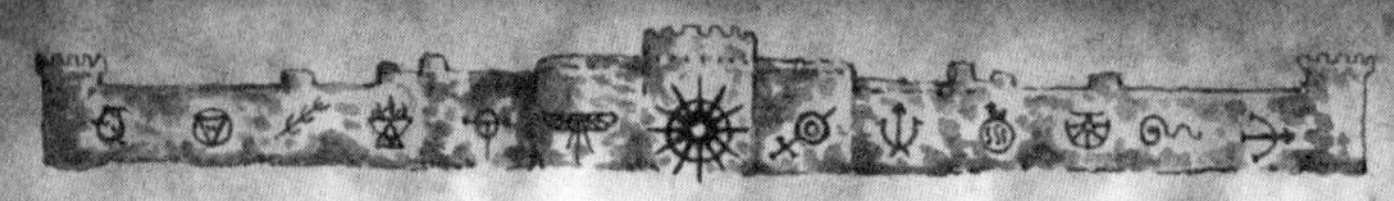

Entscheidung durch Anrufung der Götter

Wenn du keinen Weg zu einer befriedigenden Lösung siehst, so kannst du um ein Zeichen der Götter ersuchen. Hast du die nötige Zeit, so ziehe dich zurück, suche die Nähe der Götter und lege ihnen dein Dilemma dar. Dann begib dich in Meditation und warte auf ein Zeichen.

Diese Methode hat den großen Vorteil, dass ein Weg, auf den die Zwölfe dich schicken, niemals falsch sein kann. Sie benötigt aber viel Vorbereitung und Zeit, und zudem muss ein solches Zeichen auch erst richtig erkannt werden. Letzteres ist oft der größte Fallstrick, denn gerade in komplexen Situationen ist der Rat der Götter selten einfach zu verstehen. Zudem verlangen die Götter, dass wir zunächst unseren eigenen Verstand benutzen, bevor wir sie um Antworten bitten. Erflehst du leichtfertig ihren Rat, obwohl die Lösung dir doch selbst einfallen müsste, so werden sie dir durchaus ein Zeichen verwehren.

Entscheidung durch Anrufung des Schicksals

Ist eine schnelle Antwort nötig, dann wird keine Zeit zum langen Abwägen oder gar zum Meditieren zur Verfügung stehen. In einem solchen Fall kannst du versuchen, die Frage durch eine Schicksalsentscheidung zu klären. Dies mag ein Münzwurf sein, das Ziehen eines Strohhalms oder ein Würfelwurf. Doch bedenke, dass du auf diese Weise keine neuen Möglichkeiten entdecken kannst. Hast du dir also vorher nicht genügend Gedanken gemacht, so können die Götter das Schicksal daher auch nicht so beeinflussen, dass du eine gute Lösung findest. Fordere das Schicksal deshalb niemals leichtfertig heraus.

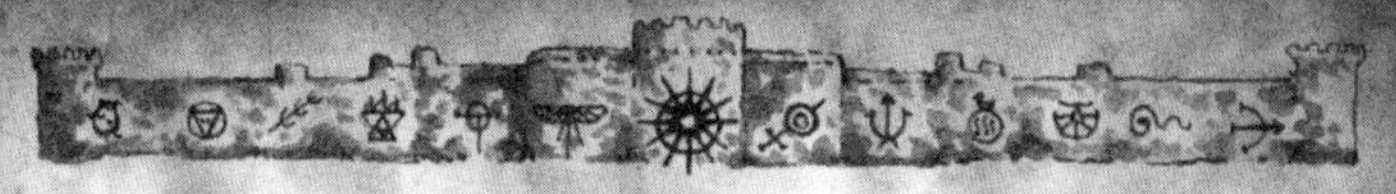

Wege des zwölfgöttlichen Lebens

Wie steht es nun um die eigentliche Grundlage unserer Entscheidungen, die Gebote der Götter? Die Kirchen der Zwölfe stehen, jede für sich, für diese ein, und ihre Geweihten ermahnen uns zu ihrer Einhaltung. Dabei kommt es manchmal dazu, dass die Gebote einer Kirche nur für sich betrachtet zur Bewertung genutzt werden. Zwölfeinheit bedeutet aber, dass ein Gebot nichts ohne die anderen ist. Wer ohne Rücksicht auf die Gesamtheit ein Gebot besonders hart auslegt, der verlässt den Boden der Gemeinschaft und stellt einen der Zwölfe in seiner Bedeutung über die anderen. Wer andererseits den Sinn eines Gebotes durch die Argumentation mit den Grundsätzen der anderen Götter bis zur Unkenntlichkeit verzerrt, der verweigert damit einem der Zwölfe seine angemessene Bedeutung. Beides entspricht nicht den Werten unserer Gemeinschaft.

Der zwölfeinige Weg

Der beste Weg kann nur die Gebote aller Götter berücksichtigen und aus ihrer gemeinsamen Betrachtung einen goldenen Mittelweg finden, der allen Zwölfen genügend Respekt zollt. Dies zu versuchen ist aber eine wahre Geronsaufgabe, denn um die Anforderungen der Götter vollständig bewältigen zu können, muss man wohl selbst ein Heiliger sein. Deswegen gibt es nur wenige Brüder und Schwestern, die versuchen, diesen Weg möglichst immer und überall zu beschreiten. Sie ziehen sich deshalb meist für längere Zeiten aus der Gemeinschaft zurück, um sich ganz auf diese Aufgabe konzentrieren zu können.

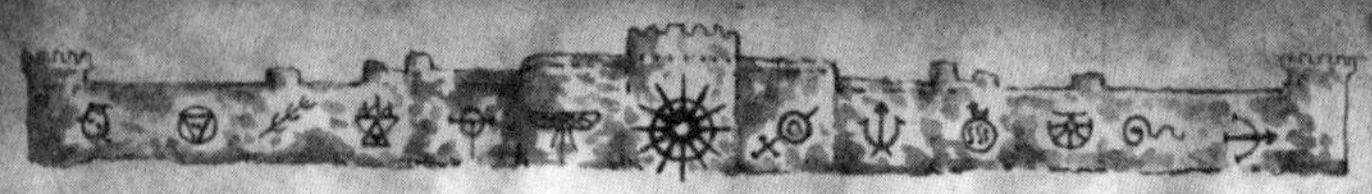

Es steht jedoch jedem von uns gut zu Gesicht, ab und an für eine Zeit ebenfalls diesen Weg zu gehen. In den Klostergemeinschaften, in denen ich gelebt habe, fanden sich regelmäßig kleinere Gruppen von Brüdern und Schwestern zusammen, die sich für eine Woche im Götterlauf auf den zwölfeinigen Weg begaben. Eine Besonderheit stellen hier die namenlosen Tage zwischen den Jahren dar: In diesen ist jedem von uns angeraten, die Gebote der Zwölf einzuhalten, und so folgen alle Brüder und Schwestern in dieser Zeit diesem Ansatz.

Der wechselnde Weg

Die Mehrheit unserer Ordensmitglieder beschreitet einen der wechselnden Wege, bei denen man zwar grundsätzlich versucht, die Gebote aller Zwölfe zu achten, aber jeweils für eine gewisse Zeit einem von ihnen besondere Achtung schenkt. Meist ist dies die Gottheit, in deren Monat man sich befindet, und so erfolgt der Wechsel meist monatsweise. Diese Vorgehensweise funktioniert sehr gut und zollt allen Zwölfen gleichmäßig Respekt, weshalb sie die am häufigsten genutzte ist.

Es gibt auch diejenigen, die einen Monat für eine zu lange Zeit halten, da man so einen der Zwölfe zu sehr über die anderen stellt. So gibt es Ansätze, den Zeitraum auf eine Woche, einen Tag oder gar eine Stunde zu senken. Während der wöchentliche Wechsel nicht allzu viele Anhänger hat, da der Bezug der Monate zu den Göttern meist als wichtiger angesehen wird und die Woche immer noch eine recht lange Dauer darstellt, gibt es einige von uns, die den täglichen Wechsel der Priorität praktizieren. Die tägliche Umstellung ist aber nicht

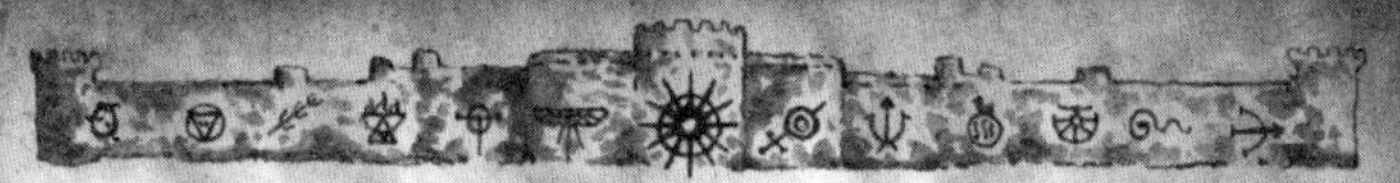

ohne Schwierigkeit, und die Anwender dieses Weges werden oft als sprunghaft empfunden, was zu Problemen in der Gemeinschaft führen kann.

Der stündliche Wechsel schließlich, bei dem man stets der Gottheit besondere Beachtung schenkt, unter deren Schutz die aktuelle Stunde steht, hat gerade bei unseren jüngeren und ehrgeizigeren Mitgliedern einige Anhänger. Doch führt dieser Ansatz zu vielen Diskussionen, da alleine schon die Frage, welche Stunden man denn verschlafen dürfe, nicht einfach zu beantworten ist. So ist das Beschreiten dieses Weges meist nicht von Dauer.

Der Weg des wehrhaften Fuchses

Besonders in den Gebieten, die im Schatten der noch immer von Dämonenbündlern beherrschten Regionen liegen, hat sich ein weiterer Weg etabliert, der sich besonders dem Kampf gegen die Feinde der göttlichen Ordnung verschrieben hat. Göttlichen Prinzipien, die in einer Situation Erfolg versprechen, wird Vorrang vor anderen gewährt, die den Erfolg erschweren. Oft bestimmen so eher phexische Handlungen das Geschehen.

Es gibt durchaus starke Kritiker dieses Weges in unseren Reihen. Trotz seiner oft erwiesenen Effektivität halten sie ihn für eine zu starke Betonung der Werte des Herrn Phex und sprechen daher davon, dass der Zweck nicht immer die Mittel heilige. Doch gibt es auch beim Weg des wehrhaften Fuchses verschieden starke Ausprägungen, sodass er in meinen Augen auf keinen Fall grundsätzlich verdammt werden kann.

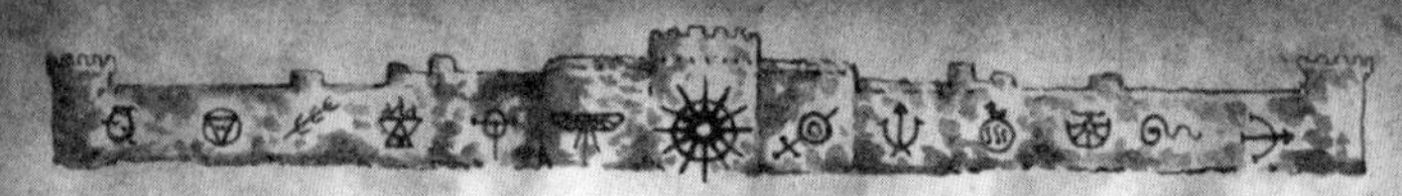

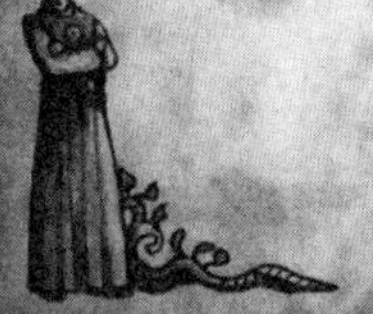

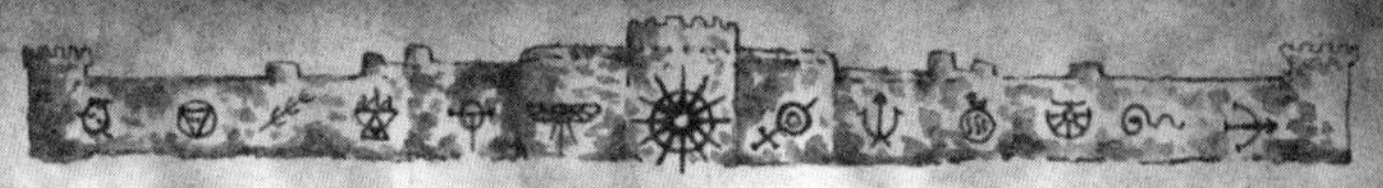

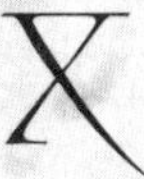

X

Peraines Saat

Die Mission

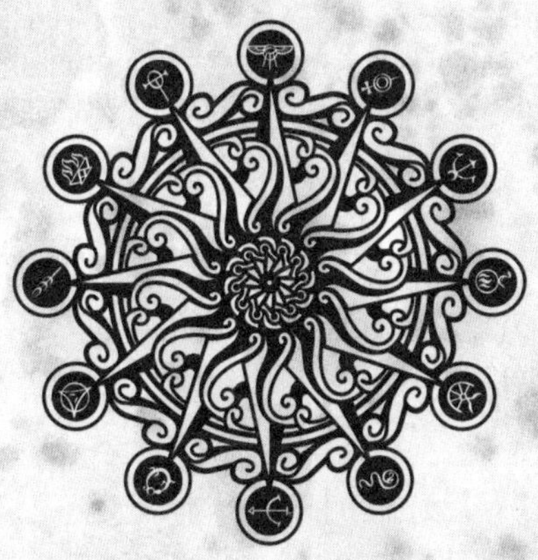

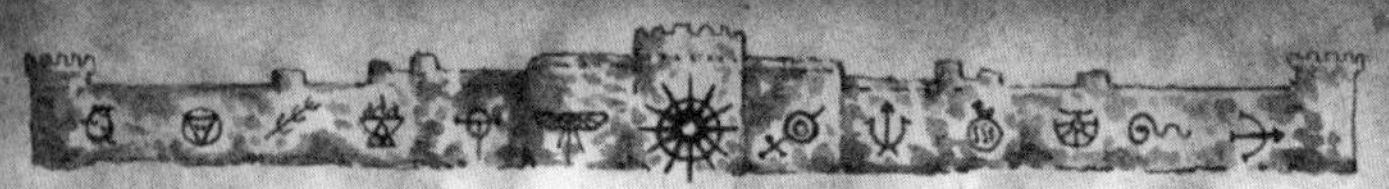

Anderen Sterblichen den zwölfgöttlichen Glauben zu bringen, ist nicht nur besonders wichtig, weil das Weiterbestehen der Welt von der Stärke der zwölfgöttlichen Gemeinschaft abhängt, es ist auch eine Frage der Gerechtigkeit: Wer die wahren Götter nicht kennt, der kann nicht um ihren Segen bitten. In diesem Kapitel möchte ich dir zeigen, wem unsere Bemühungen dabei gelten sollten.
Mein Blick geht dabei zunächst in die Ferne und betrachtet die uns meist nur wenig bekannten Kontinente jenseits von Aventurien. Danach geht es um die Aufgaben, die uns auf unserem Heimatkontinent erwarten, wobei ich zunächst den Blick auf die menschlichen Reiche richte und erst am Ende auf die Völker der Nichtmenschen. Vermutlich wird dir der schiere Umfang der Gebiete, die einer zwölfgöttlichen Mission harren, Ehrfurcht vor der zu bewältigenden Aufgabe einflößen. Denke aber dann daran, dass die Aufgabe der Götter keine ist, die innerhalb der Lebensspanne weniger Menschenleben erfolgreich bewältigt sein wird. Denn was sind einige Jahre schon für die Unsterblichen, die seit der Schöpfung allen Seins über Dere wachen? Doch wie Efferds Elemente über Jahrhunderte ganze Berge abtragen mögen, so ist auch unsere Aufgabe eine Herausforderung, der sich Generationen um Generationen widmen müssen, bis ihre Früchte sichtbar werden.

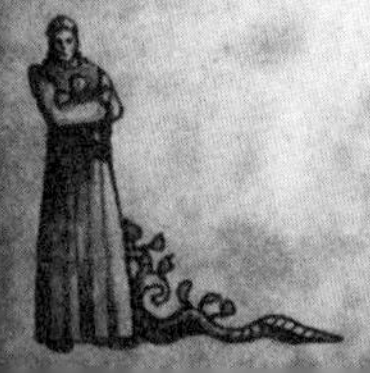

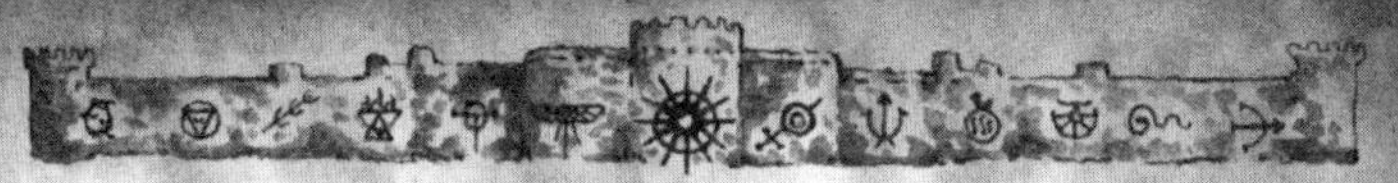

An fremden Gestaden

In den letzten Jahren haben avesgefällige Expeditionen die Wege zu weit entfernten Ländern entdeckt. Es heißt, Aventurien sei der auserwählte Kontinent der Zwölfe, der ihre besondere Beachtung erfährt. Diese Ehre sollte uns umso mehr Verpflichtung sein, den Sterblichen in den anderen Teilen Deres das Wissen um den wahren Glauben zu bringen.

Das Güldenland

Die Fahrten der großen Harika brachten uns viel Wissen über das Güldenland. Von jenseits des Meeres der Sieben Winde stammen die Vorfahren der Bosparaner, und auch Praios' Erzalveraniar Horas kam auf dem Rücken eines Greifen vom Güldenland nach Aventurien. Es heißt, die Einwohner jener Lande nennen ihren Kontinent „Myranor". Ein mächtiges Imperium soll dort herrschen, und viele fremdartige Völker sollen dort leben. Es gibt Erzählungen von aufrechtgehenden Katzen, vierarmigen, blauhäutigen Wesen und von dreiäugigen Zauberern, die dort regieren sollen.

Was die Verehrung der Götter angeht, blicken wir mit Sorge nach Westen. Es heißt, Herr Efferd habe die Güldenländer verflucht, da sie sich einst wie Fran und Hela-Horas mit den Erzdämonen einließen, besonders mit der Herrin der nachtblauen Tiefen. So hat er im Meer der Sieben Winde einen Wall errichtet, den kein Schiff aus dem Güldenland überqueren kann.

Eine Mission des Güldenlandes wäre also wichtig. Doch reichen unsere Kräfte dafür im Moment nicht aus. Die Reise birgt viele Gefahren, und die Rückkehr ist ungewiss. Immense Mittel wären nötig, um dort Fuß zu fassen, die zudem mit

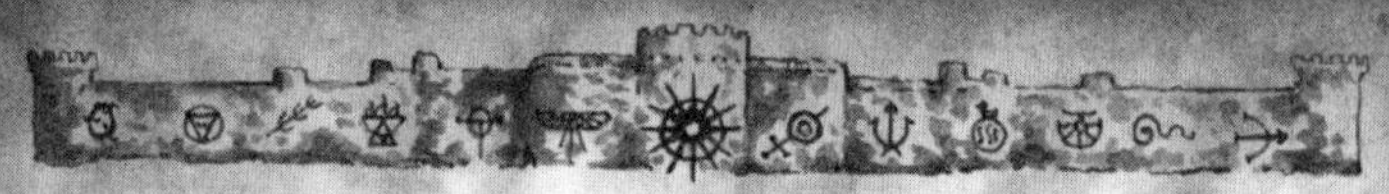

hoher Wahrscheinlichkeit verloren gingen. Auf absehbare Zeit scheint der einzige gangbare Weg daher die Reise einzelner Wagemutiger mit einem der Güldenlandfahrer zu sein. Sie können den Bewohnern zumindest Kunde von den Zwölfen bringen und uns bei Rückkehr wichtiges Wissen über die dortigen Lande.

Uthuria

Seit vor nicht allzu langer Zeit ein Weg zum sagenhaften Kontinent entdeckt wurde, den Expeditionen einigermaßen sicher befahren können, richtet sich auch unser Blick gen Süden. Benannt nach Borons Alveraniar Uthar und Heimat von Praios' auserwähltem Volk, den Gryphonen, scheint Uthuria ein lohnendes Ziel für eine Mission zu sein, da wir hoffen können, dort bereits auf Gläubige zumindest einiger der Zwölfe zu treffen.

Es ist sogar denkbar, dass die Zwölfe sich in Uthuria einst ebenfalls offenbarten, wie sie es hier in Aventurien taten. So mag es sein, dass wir dort in Zukunft auf fremde Brüder und Schwestern stoßen werden. Zudem entstehen dort bereits Stützpunkte aventurischer Mächte, die uns als Basis für eine Mission der Einwohner dienen können. Einige wagemutige Diener des Herrn Aves haben die Reise bereits gewagt und erforschen nun die fernen Länder.

Doch sollten wir die Probleme, die sich uns beim Versuch einer Missionierung stellen, nicht unterschätzen. Uthuria wird auch das Land der 12.000 Götter genannt. Die Götzenverehrung scheint dort außerordentlich verbreitet zu sein, und die zurückgekehrten Seefahrer berichten von unheiligen, blutigen Praktiken der Einwohner. So scheint es zwar schwierig,

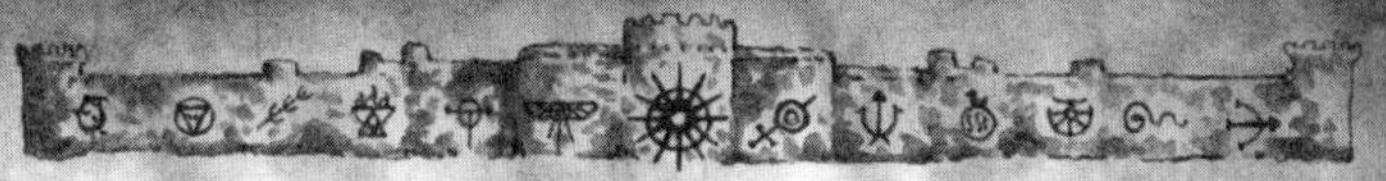

aber machbar und vor allem notwendig, den Glauben an die Zwölfe dorthin zu tragen, so wie Abt Bellarini es fordert. Über die Art, wie das geschehen soll, wird aber noch gerungen.

Das Riesland

Aus dem Riesland, das jenseits des Ehernen Schwerts liegt, sollen in alten Zeiten viele unheilige Schrecken des Namenlosen nach Aventurien gekommen sein. Schon aus diesem Grund sollten wir es niemals aus dem Gedächtnis verlieren. Solange aber kein Weg bekannt ist, diese Gefilde zu erreichen, stellt sich die Frage der Mission nicht.

Der Norden

Unter dem Norden Aventuriens will ich hier die Gebiete nördlich des Mittelreichs zusammenfassen, wobei es nur um die menschlichen Völker gehen soll. Auch die tobrischen Lande will ich der Einfachheit halber unter diesem Punkt betrachten.

Nivesen

Die Nivesen verehren Wesenheiten, die sie die Himmelswölfe nennen. Dabei missverstehen sie wohl die Stellung der Alveraniare aus Firuns Wilder Jagd. Auch Madas Frevel ist ihnen bekannt, allerdings in sehr verfremdeter Form. Der Glaube der Nivesen ist also voller falscher Deutungen, doch sind sie nicht weit ab vom richtigen Weg. Begegne ihnen deshalb freundlich. Arbeite die Gemeinsamkeiten ihres Glaubens mit dem an den Herrn Firun heraus, dann führe sie an die anderen Götter heran. Die Sippe ist den Nivesen sehr wichtig, weshalb es sich anbietet, sie dabei früh mit der Herrin Travia vertraut zu machen.

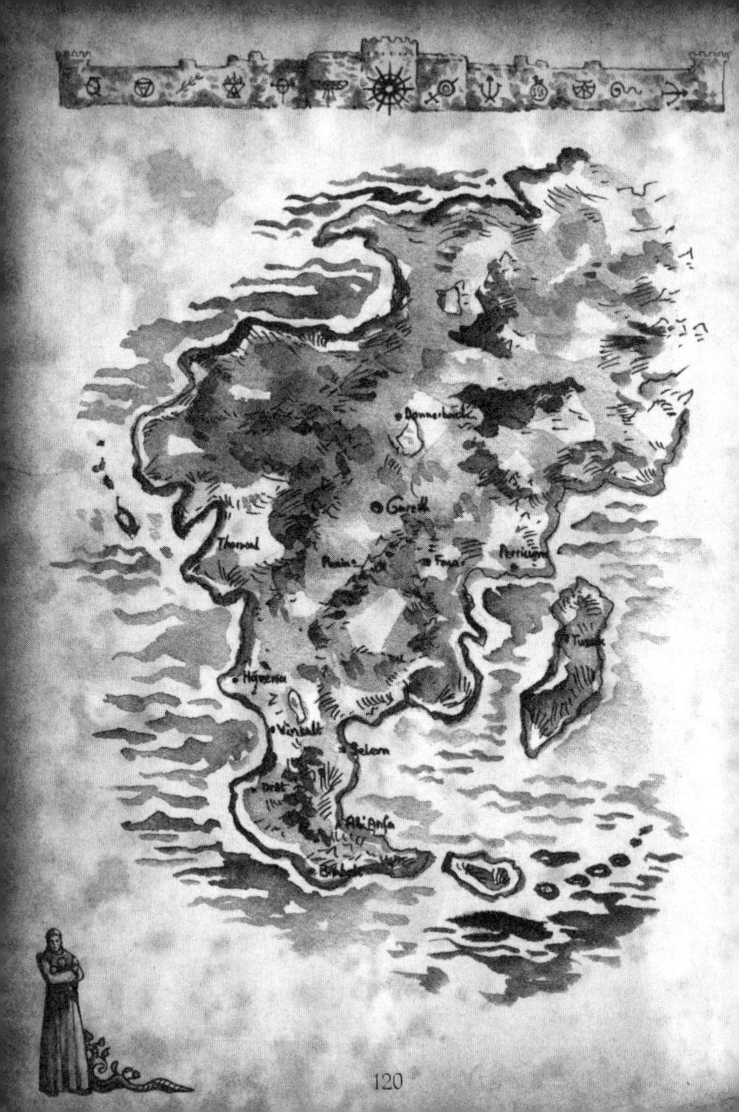
Donnerbach
Gareth
Thorwal
Punin
Perricum
Vinsalt
Selem
Drôl
Al'Anfa

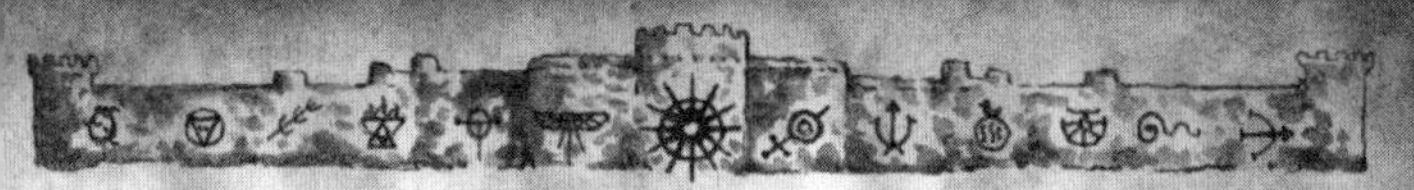

Norbarden

Die Norbarden sind ursprünglich ein tulamidisches Volk, das eine lange Wanderung in den Norden führte. Ihre Glaubenswelt wird von zwei weiblichen Göttern dominiert, und auch ihre Sippen werden von Frauen geführt. Sie verehren eine Göttin namens Heshinja, die viele von uns für die Herrin Hesinde halten. Daneben genießt ein Wesen namens Mokoscha Verehrung, die manche für Hesindes Tochter halten. Wir wissen aber zu wenig, um einschätzen zu können, ob sie tatsächlich aus dem Gefolge der Herrin stammt.

Die Norbarden haben also einen sehr verengten Glauben, der seltsame Wege beschreitet. Der Hesindekult bietet aber eine gute Möglichkeit, sie auch mit den anderen göttlichen Geschwistern vertraut zu machen. Da den Norbarden die Sippe sehr wichtig ist und sie zudem viel Handel treiben, ist es wohl sinnvoll, auch ihnen zunächst die Herrin Travia und den Herrn Phex näher zu bringen.

Thorwaler

In Thorwal galt lange das Silem-Horas-Edikt, doch sind seine Einwohner vom wahren Zwölfgötterglauben abgefallen und verehren heute nur noch einige der Zwölfe. Die meiste Verehrung bringen sie Swafnir entgegen, der die Nordleute, ihren Legenden nach, aus dem Güldenland nach Aventurien führte.

Auch die Herrin Travia wird von ihnen hochgehalten, doch besonders der Herr Praios wird von ihnen als fremder Gott abgelehnt, und einige der anderen Zwölf werden schlicht ignoriert. Wendet man sich von der Küste ab, findet man wei-

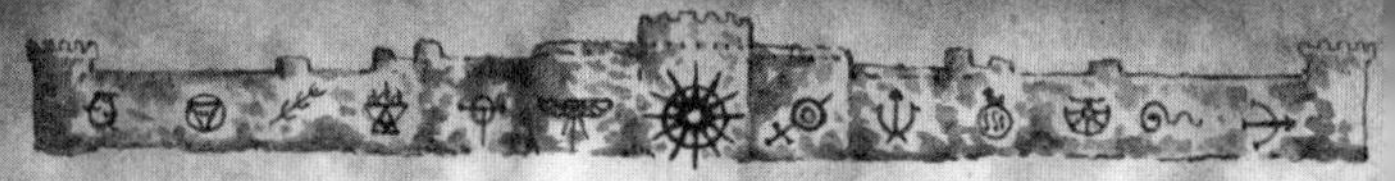

tere, mit den Thorwalern verwandte Völker, die, so heißt es, sogar Götzenkulten folgen, die nichts mit den Zwölfen zu tun haben. Die Rückführung der Thorwaler in die zwölfgöttliche Gemeinschaft ist ein wichtiges Anliegen. Sie gelten jedoch allesamt als dickköpfig und recht gewalttätig, sodass ein Missionar bei ihnen sehr vorsichtig vorgehen muss. Die Bosparaner gelten ihnen als Nachfahren alter Feinde, was einen vertrauensvollen Kontakt ebenfalls sehr erschwert. So bleibt nur ein langsames, vorsichtiges Vorgehen, um zumindest den entstandenen Graben nicht breiter werden zu lassen.

Tobrien

In Tobrien finden sich selbst nach Jahren der Dämonenherrschaft immer noch viele Menschen, die an die Zwölfe glauben. Doch sind viele Tobrier durch die Leidenszeit unsicher geworden, ihr Vertrauen in die Götter wurde geschwächt. Hier ist eine Mission gefragt, die sich der Sorgen annimmt und so den Glauben wieder stärkt.

Manche Tobrier sind jedoch so tief gefallen, dass sie gar die Erzdämonen als göttliche, jenseitige Familie verehren und damit die zwölfgöttliche Familie verspotten. Diesen verirrten Seelen muss schnell die Möglichkeit genommen werden, andere mit ihren verdammungswürdigen Ideen ins Unglück zu stürzen. Der Kampf um die Seele dieser Verlorenen ist aber ebenfalls wichtig.

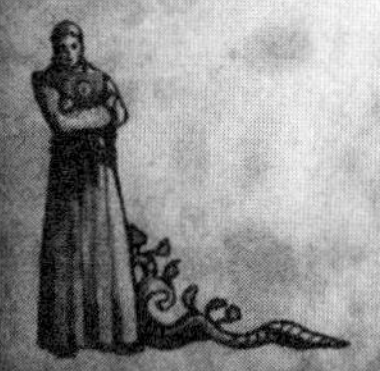

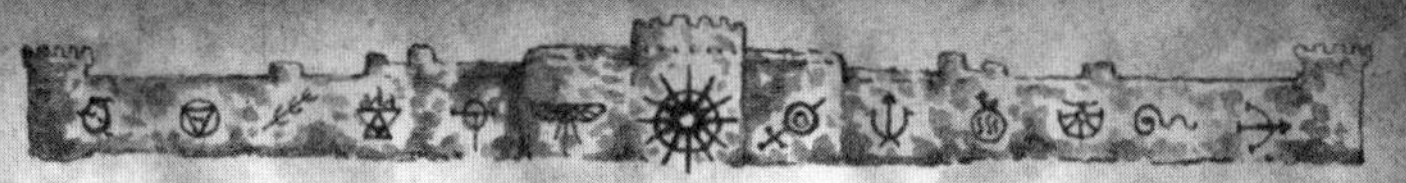

Der Süden

Der Süden Aventuriens hat vor allem drei große Gebiete, die sich für die Mission anbieten, dabei aber sehr verschiedene Ausgangssituationen bieten, sowie die Gegend des ehemaligen Oron.

Das ehemalige Oron in Aranien

Im östlichen Teil des Königreichs Aranien lag das verdorbene Reich Oron, das von Dimiona von Zorgan, der Schwester des heutigen Herrschers Arkos Schah II., beherrscht wurde. Die Buhle der Herrin der schwarzfaulen Lust hatte ein Reich errichtet, das besonders die Gebote der Herrin Rahja mit Verachtung strafte. Dimiona wurde 1028 BF glücklicherweise besiegt, und die ehemals oronischen Lande sind heute wieder befriedet.

Doch das Land hat genauso wie Tobrien Schaden erlitten, und die besiegten Dämonenknechte haben ihre Spuren hinterlassen. Es gibt viele Gerüchte, die besagen, dass längst nicht alle Feinde der Götter bislang enttarnt wurden, und dass viele von ihnen sich zwar bis heute nach außen den Anschein rechtschaffener Menschen geben, im Geheimen aber weiterhin den verderbten oronischen Riten frönen.

Solltest du solchen Anschuldigungen begegnen, so bedenke jedoch, dass sie stets mit einer gewissen Vorsicht zu betrachten sind, mag es doch auch vorkommen, dass jemand durch üble Nachrede versucht, einen ungeliebten Konkurrenten loszuwerden.

Die heutige Situation in Aranien ist für uns auf jeden Fall schwierig einzuschätzen. Im Süden des Mhaharanyats

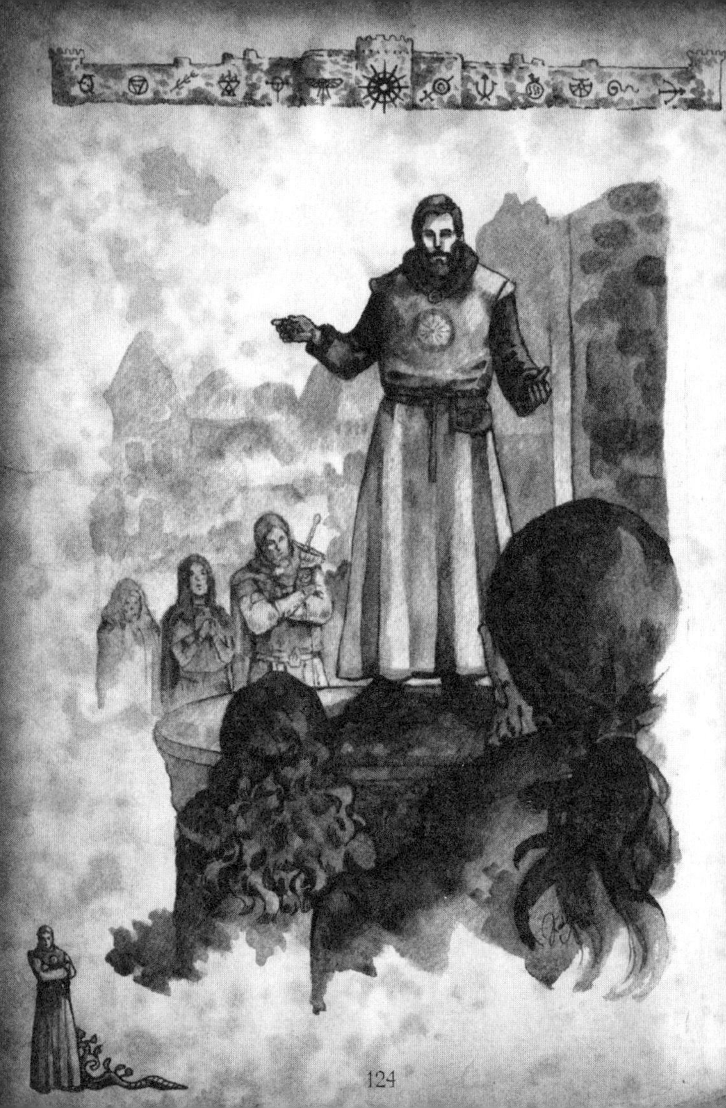

schwelt der Konflikt mit dem rastullahgläubigen Zaubersultan Hasrabal, der Anchopal, die der Peraine heilige Stadt, besetzt hält. Die Küsten im Osten werden durch die Reste der Flotte der schwarzmaraskanischen Fürstkomturei bedroht, und im Landesinneren stellt sich die Frage, wem man außerhalb des Königshauses vertrauen kann. Als Missionar sind hier deshalb Erfahrung und Menschenkenntnis gefragt, um Licht ins Dunkel dieser unüberschaubaren Situation zu bringen.

Das Kalifat

Das Kalifat unter dem Kalifen Malkillah III. ist das Land der Anhänger Rastullahs. Sie verehren dieses Wesen als Eingott, der sich ihnen vor fast dreihundert Jahren in der Wüste offenbart habe. Der Glaube an die Zwölf ist bei ihnen zwar nicht völlig vergessen, überlebt aber nur in sehr respektloser Form, indem einige der Göttinnen als Ehefrauen Rastullahs akzeptiert werden.

Zwölfgöttergläubige und Rastullahanhänger standen sich lange äußerst feindselig gegenüber. Illumnestra XII. fordert jedoch, den Ungläubigen mit Freundschaft und Toleranz entgegenzutreten. Deshalb sollte eine Mission momentan nur sehr vorsichtig und sanft erfolgen. Wähle auch deine Worte in Diskussionen mit Bedacht, denn die Völker der Wüste gelten als ebenso schnell erregbar wie die Almadaner.

Maraskan

Die ursprünglichen Maraskaner – also nicht die Einwanderer aus den ehemaligen Dämonenreichen – hängen einem sehr seltsamen Glauben an die Zwillingsgötter Rur und Gror an. Die Welt sei demnach ein Geschenk Rurs an Gror, und die

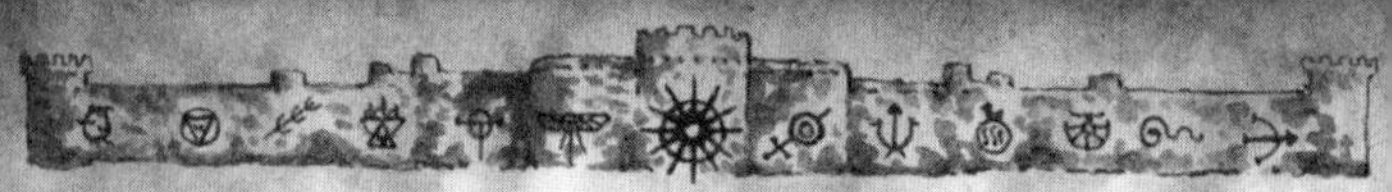

Zwölfgötter seien von Rur als Hüter der Welt bestimmt worden. Auf den ersten Blick scheint sich hier die Geschichte von Allvater Los und den Zwölfen als Hütern der Schöpfung zu spiegeln, und sicherlich steckt diese Wahrheit auch im maraskanischen Glauben. Deshalb sollte man dieses Volk auf keinen Fall verdammen, sondern tatsächlich für den wahren Glauben zurückgewinnen.

Auf dem zweiten Blick stellt man aber fest, dass der maraskanische Glaube etwas völlig anderes ist als das, was wir unter dem Zwölfgötterglauben verstehen. Die Maraskaner glauben an die Wiedergeburt der Seele, statt an den Eingang in die zwölfgöttlichen Paradiese, und sie predigen vor allem die sogenannte Schönheit der Welt, die in allen Hinsichten vollkommen sei. Dabei streitet der typische Maraskaner anscheinend fortwährend mit seinen Nachbarn und ist dadurch so geübt im Diskutieren, dass selbst erfahrene Missionare hier Probleme bekommen. Mancher Bruder und manche Schwester kehrte so schon mit seltsamen neuen Sichtweisen von der Insel zurück.

Die Waldmenschen

Die Menschen in den Dschungeln des Südens verehren vor allem zwei Wesenheiten: Den schwarzen Jaguar Kamaluq und den Sonnengott Obaran. Beide sind wohl Erfindungen dieser primitiven Völker, bieten aber Ansätze für die Mission. Der Glaube an Rondra und Praios dürfte so einen Zugang bieten, wobei sehr wichtig ist, zwar am Anfang die Gemeinsamkeiten zu nutzen, dann aber, wenn man eine gemeinsame Basis erreicht hat, nach und nach auch klar die Unterschiede aufzuzeigen. Kamaluq ist nicht Rondra, und Obaran ist nicht Praios, dies darf man niemals vergessen.

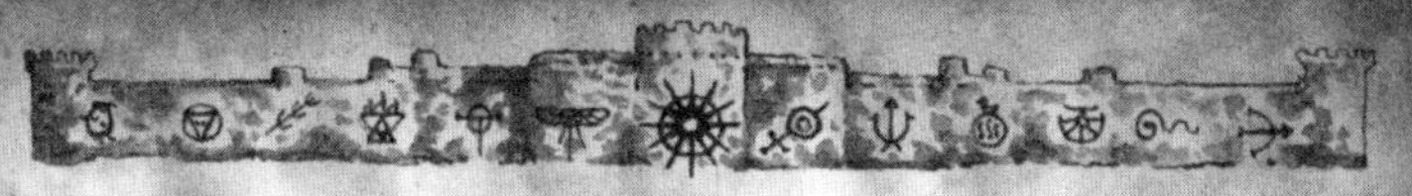

Mission der Nichtmenschen

Zum Schluss noch ein Blick auf einige Völker der Nichtmenschen, denn auch diese sind sterbliche Kinder Los', die aus seinen Tränen entstanden. So haben sie ein Recht, den wahren Glauben kennenzulernen.

Elfen

Die Elfen haben eine lange Geschichte, die sie in ihrem Glauben den Göttern gegenüber schwer erschüttert haben muss. Es heißt, sie dienten einst Pyrdacor, der gegen die Zwölfe rebellierte und besiegt wurde. Womöglich deshalb akzeptieren sie durchaus die Existenz der Götter als Wesen, lehnen aber ihre Verehrung ab. Ich habe sogar von Elfen gehört, die Götter als Gefahr ansehen. Berichte von dauerhaft bekehrten Elfen kenne ich dagegen keine. Möglicherweise liegt es auch daran, dass jedes Mitglied dieses Volkes der Zauberei mächtig ist, weshalb sie praktisch unempfänglich für den Glauben zu sein scheinen.

Goblins

Auf den ersten Blick erscheinen Goblins kaum als lohnendes Ziel der Mission. Manche sprechen ihnen sogar ab, überhaupt verstehen zu können, was Götter sind. Der Glaube der Goblins selbst gilt einer Art Muttergöttin in Form eines Wildschweins. In Festum aber ist es gelungen, Goblins zum Glauben an Peraine und Firun zu bekehren. Es soll dort sogar eine goblinische Firungeweihte geben. Demnach ist eine Mission der Goblins wohl doch nicht so aussichtslos, wie manche denken. Doch bleibt das Problem der Unzivilisiertheit und Aggressivität der meisten Rotpelze.

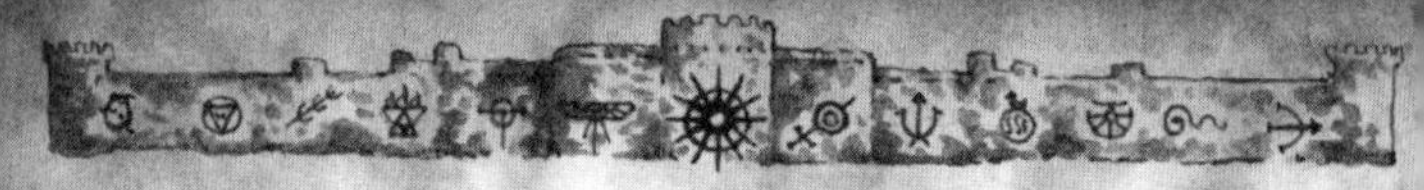

Orks

Die Schwarzpelze, die vor dem Erscheinen Borbarads wohl als größte Gefahr der Menschen angesehen wurden, verehren vor allem blutrünstige Wesen, und ihre Schamanen praktizieren finstere Rituale. Brazoragh und Tairach heißen die Oberhäupter ihres Pantheons. Zwar verehren wohl einige Orks auch friedlichere Wesenheiten, sind damit aber Außenseiter ihrer Gesellschaft. Solange die Orkstämme hinter ihrem Anführer Aikar Brazoragh stehen, dessen Name „Auserwählter Brazoraghs“ bedeuten soll, ist eine Mission kaum denkbar.

Zwerge

Die Zwerge sind Freunde der zwölfgöttlichen Gemeinschaft, doch beschränkt sich ihre Verehrung meist auf Angrosch, wie sie selbst den Herrn Ingerimm nennen. Er gilt ihnen als ihr Schöpfer, was einen Widerspruch zur Schöpfungsgeschichte darstellt, wie Illumnestra sie verkündete. Doch zollen sie in der Regel durchaus allen der Zwölfe Respekt. Wir sollten daran arbeiten, sie nicht vergessen zu lassen, dass es eine göttliche Gemeinschaft gibt, und nicht nur Angrosch. Doch sind sie dickköpfig und stur, weshalb schnelle Erfolge nicht zu erwarten sind. Ein zwergisches Sprichwort sagt „Steter Tropfen höhlt den Stein!“, und dieses Motto sollte hier auch für uns gelten.

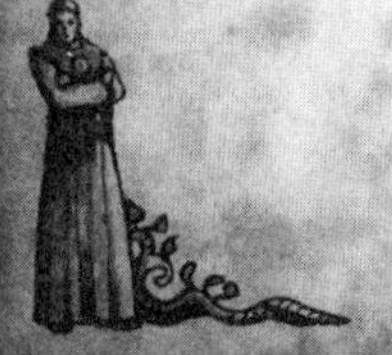

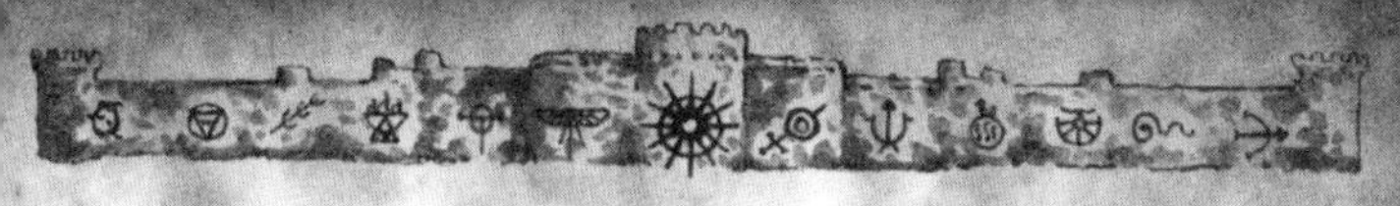

XI

Mit Ingerimms Schaffenskraft

Aufbau der Mission

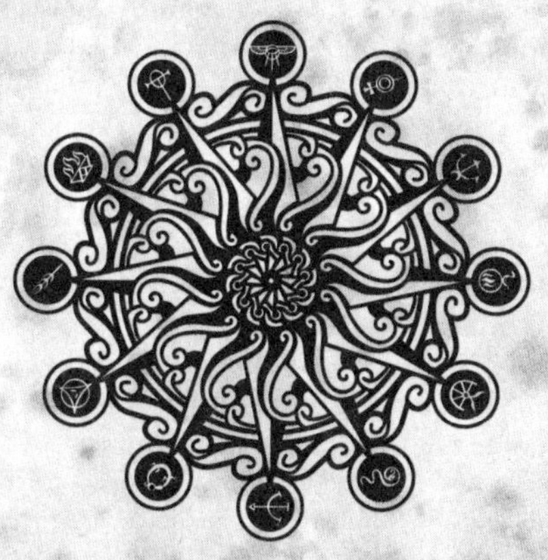

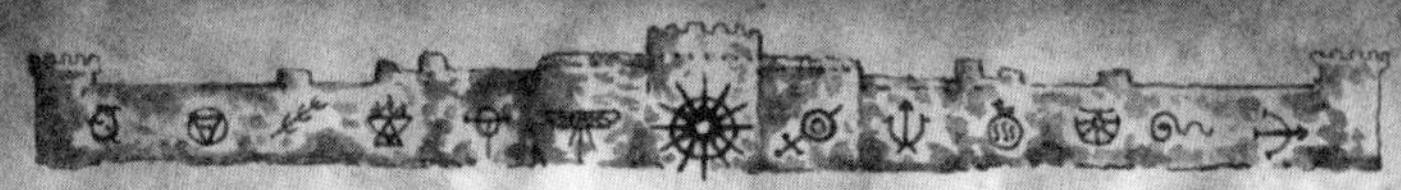

Willst du den Glauben der Zwölfe in der Fremde verbreiten, so ist dies eine anspruchsvolle und langfristige, aber auch sehr ehrenvolle und göttergefällige Aufgabe. Wie geht man dabei am besten vor? Ich möchte dazu zunächst einige grundsätzliche Punkte voranstellen.

Wer etwas herstellt, merkt schnell, dass es leichter ist, etwas zu zerstören, als zu erschaffen. Ein kleiner Fehler reicht aus, um lange Arbeit in einem Augenblick zu vernichten. Also solltest du bei der Mission vorsichtig und überlegt vorgehen. Eine einzige unüberlegte Tat kann mühsam aufgebautes Vertrauen wieder zerstören.

Umgang mit Bestehendem

Wo auch immer dein Pfad dich hinführen mag, du wirst auf bereits Bestehendes treffen und damit umgehen müssen. Sieh es nicht einfach als Hindernis, nutze es als Grundlage, auf der du aufbauen kannst. Schaue dir die Gepflogenheiten der fremden Gemeinschaft an. Ignoriere die Fremdheit der Namen, die sie ihren Göttern geben, schaue stattdessen auf die Natur der von ihnen praktizierten Verehrung.

Wirst du Zeuge von tatsächlichen oder vermeintlichen Wundertaten, so sieh genau hin. Ein geschickter Taschenspieler kann dem einfachen Geist ein Wunder vorgaukeln. Hast du die Möglichkeit, magisches Wirken zu erkennen, so nutze dies. Magie kommt den unbedarften Menschen oft wie ein Wunder vor. Bei wahrhaftigen Wundern zeigt sich die Göttlichkeit häufig an kleinen Randerscheinungen, die von der Anwesenheit des Göttlichen ausgelöst werden. Achte besonders auf diese.

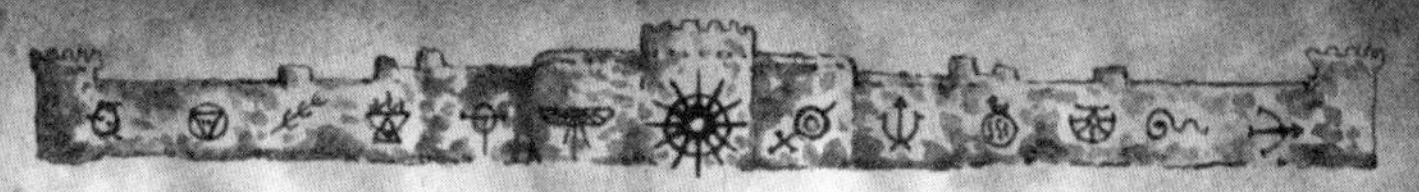

Reformation des Bestehenden

In vielen Fällen wirst du feststellen, dass das verehrte Wesen dir nicht fremd ist, sondern dem zwölfgöttlichen Pantheon entstammt. Es kommt auch vor, dass die Menschen zwei der Zwölfe als eine einzige Gottheit verehren. In beiden Fällen bietet sich dir ein nahezu perfekter Boden für die Saat der Mission. Sprich mit den Gläubigen über Gemeinsamkeiten in ihrer Verehrung und der Verehrung, wie du sie kennst. Schaffe so eine Grundlage, auf der du ihnen abweichende Aspekte unserer Verehrung vorstellen kannst. Danach erweitere ihren Horizont und berichte ihnen auch von den göttlichen Geschwistern, die für sie noch keine Bedeutung haben.

Möglicherweise gilt die Verehrung der zu Missionierenden keinem der Zwölfe und auch keinem der Halbgötter, die Aspekte des Glaubens stimmen aber mit denen unseres Glaubens überein. Dann wird sicher ein nichtgöttliches Wesen aus dem Gefolge der Zwölfe als Gott verehrt, oder das Wirken eines der Zwölfe einem seiner vielen derischen Diener zugeschrieben. Als Beispiel mag die Verehrung von Horas anstelle des Herrn Praios dienen. In diesen Fall gehe vorsichtig vor, denn die Menschen richten ihren Glauben zwar an das falsche Wesen, sind aber an und für sich auf dem richtigen Weg. Stoße sie nicht durch rüde Zurechtweisungen vor den Kopf, versuche eher, ihnen die wahre Göttlichkeit hinter ihrem Glauben zu zeigen.

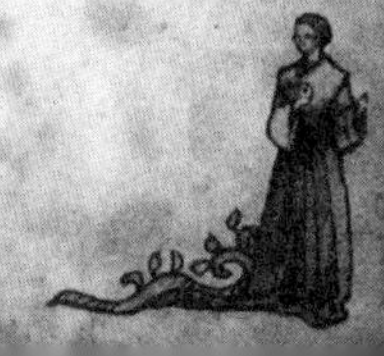

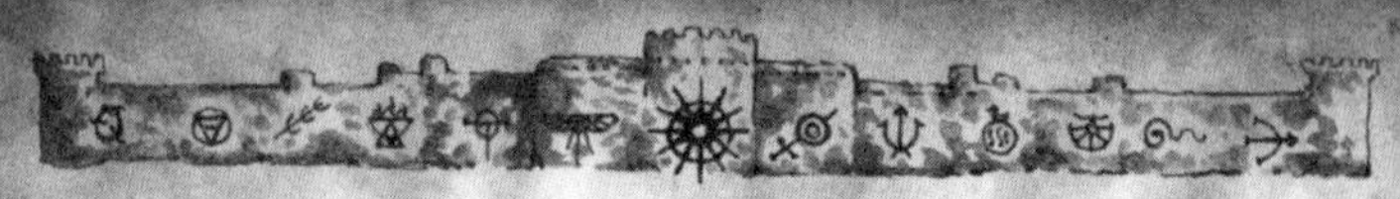

Ersetzung des Bestehenden

Selten magst du auf eine Gemeinschaft stoßen, die ein göttliches Wesen verehrt, das nicht zur Gemeinschaft der Zwölfe zu gehören scheint. Überprüfe dann sehr genau, ob es so ist. Meist wirst du erkennen, dass das verehrte Wesen doch aus dem Gefolge der Zwölfe stammt und dir die Verehrung nur sehr fremd vorkommt. Kannst du dies aber ausschließen, zum Beispiel, weil das verehrte Wesen die frevlerische Erhebung von Untoten erlaubt, was niemals im Sinne der Zwölfe sein kann, dann steht dir eine sehr schwierige Aufgabe bevor: Du musst die Gemeinschaft davon überzeugen, dass sie einem falschen Gott anhängt. Falsch in dem Sinne, dass diese Gottheit nicht zu den wahren Hütern der Welt gehört, denn dann wäre sie Teil der zwölfgöttlichen Familie. Dennoch mag sie über immense Macht verfügen, was auch für ihre Diener gilt. Suche in einem solchen Fall heimlich Verbündete, die du überzeugen kannst, dass das Fortbestehen der Welt davon abhängt, die richtigen Götter zu verehren. Berichte ihnen von Illumnestras Visionen, und ermuntere sie, einen eigenen Blick auf das künftige Schicksal der Welt zu werfen. Lehre sie zu diesem Zweck, den Willen der Götter zu ergründen. Erst wenn du genügend Anhänger der fremden Gottheit wirklich überzeugt hast, dass sie einem Irrweg anhängen, kannst du versuchen, offener vorzugehen.

Gerade wenn die Gottheit ihren Dienern karmale Kräfte zu geben vermag, werden ihre Anhänger dies immer als gewichtiges Zeichen dafür sehen, dass ihr Glaube richtig ist. Die einzige Gottheit aber, die nicht Teil der zwölfgöttlichen Ordnung ist, und bei der ich solches bisher erlebt habe, ist der Na-

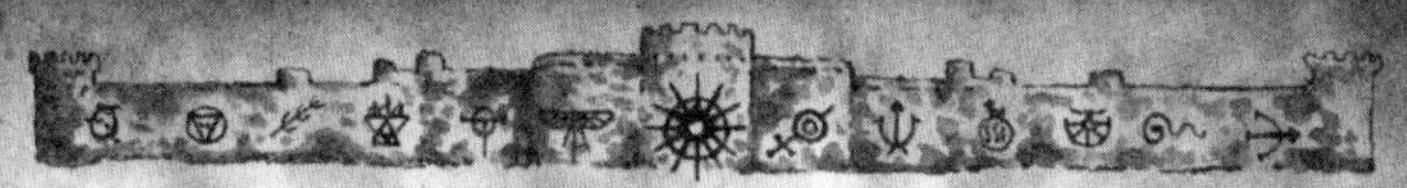

menlose, der bei diesem Thema aber eine Sonderstellung einnimmt. Deshalb ist es sehr unwahrscheinlich, dass dir jemals ein solcher Fall passieren wird. Sollte das Unwahrscheinliche jedoch eintreten, dann bleibt dir nur, die Anhänger dieser Gottheit beharrlich auf den genannten entscheidenden Punkt hinzuweisen: Das Ende der Welt im Ansturm der Dämonen wird nur durch die zwölfgöttliche Ordnung und die Wacht in der Götterfeste Alveran verhindert. Stützt die von ihnen verehrte Gottheit nicht diese Ordnung, so ist sie kein Hüter der Welt. Stützt sie die Ordnung, dann muss sie auch Teil derselben sein.

Ebenfalls nur sehr selten wirst du auf Gemeinschaften stoßen, die Dämonen verehren. Die Verderbtheit solcher Kulte, wie auch die von Kulten des Namenlosen, führt über kurz oder lang zu ihrem Untergang. Deshalb gibt es auch nur sehr wenige von ihnen. Eine solche Gemeinschaft zu bekehren ist ein großer Sieg, doch wichtig ist hier vor allem, die gotteslästerlichen und gefährlichen Taten, die an den Grundfesten Alverans hämmern, zu einem Ende zu bringen. Setze also alles daran, diese Frevler zur Strecke zu bringen. Versuche dabei aber immer, so viele Seelen wie möglich aus den Fängen der Feinde der göttlichen Ordnung zu retten.

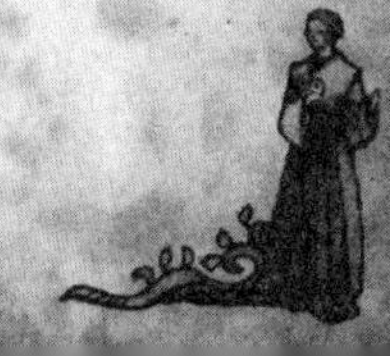

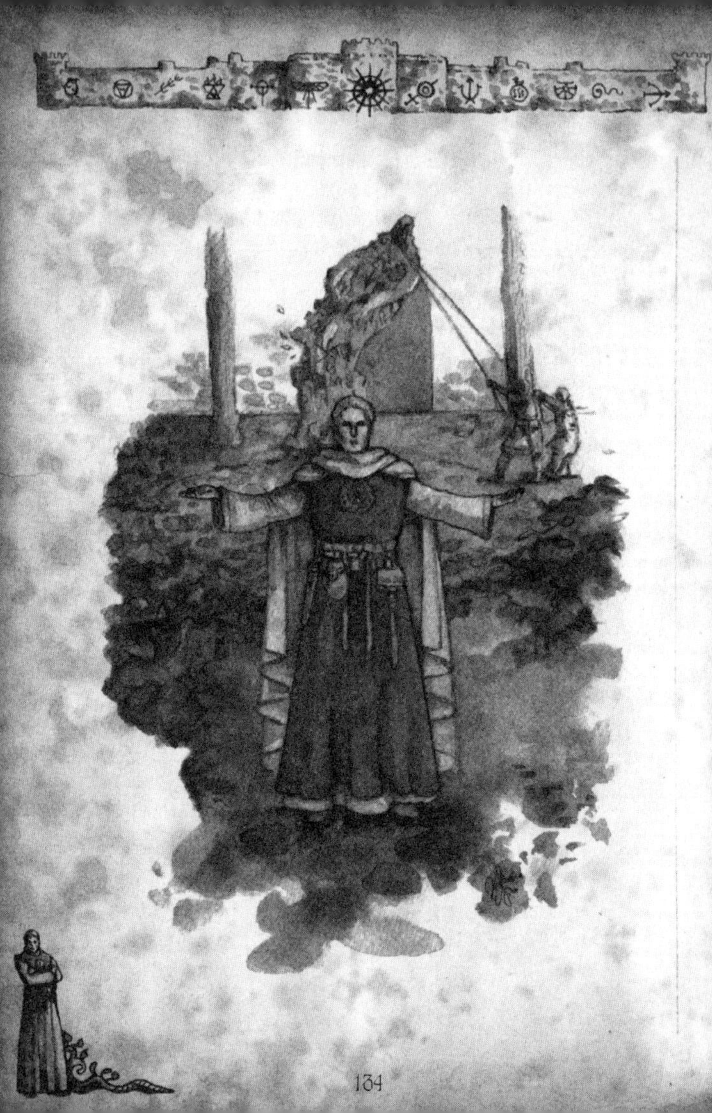

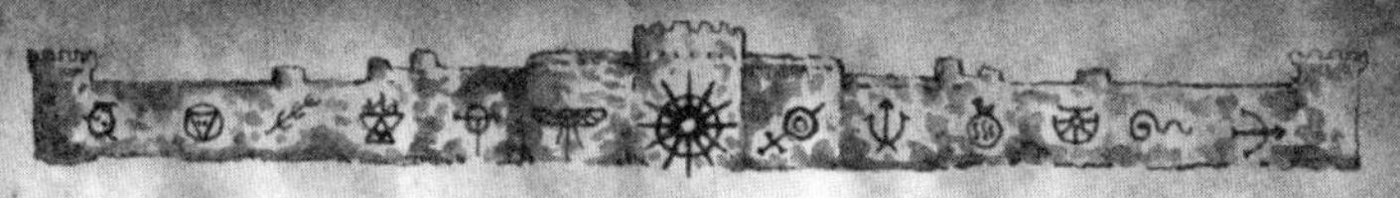

Das Vorgehen gegen Bestehendes

Willst du einem bestehenden Kult den Boden entziehen, so ist dies mit großen Risiken auch für dich verbunden. Leib und Leben sind in Gefahr, sobald du als Feind wahrgenommen wirst. Je erfolgreicher du bist, desto heftiger wird die Gegenwehr ausfallen. Deswegen überlege dir zunächst gut, wie dein Vorgehen ablaufen soll.

Die erfolgreichste Variante ist meist die langsame: Predige, wenn nötig im Geheimen. Gewinne Anhänger, aber mit Vorsicht. Hüte dich vor Verrätern, denn durch dein langsames Vorgehen wird deine Gemeinschaft lange nicht stark genug sein, um sich nach Entdeckung behaupten zu können. Dafür ist andererseits deine Entdeckung viel unwahrscheinlicher, und du kannst kontinuierlich deine Überzeugungsarbeit tätigen.

Die riskantere Variante ist die schnelle, aggressive: Zeige deutlich die Machtlosigkeit des anderen Kultes, indem du dich ihm offen widersetzt. Zeige deinerseits den Menschen offen die Macht der Zwölfe. Du musst die Gläubigen dabei so beeindrucken, dass ihnen ihr bisheriger Glauben wahrhaft unterlegen erscheint. Für dieses Vorgehen brauchst du jedoch wirkliche Überlegenheit, karmale wie weltliche. Du wirst eine wütende Antwort der Angegriffenen auslösen. Bist du nicht stark genug, wirst du scheitern und damit auch den Zwölfgötterglauben als unterlegen in den Geist der Menschen brennen.

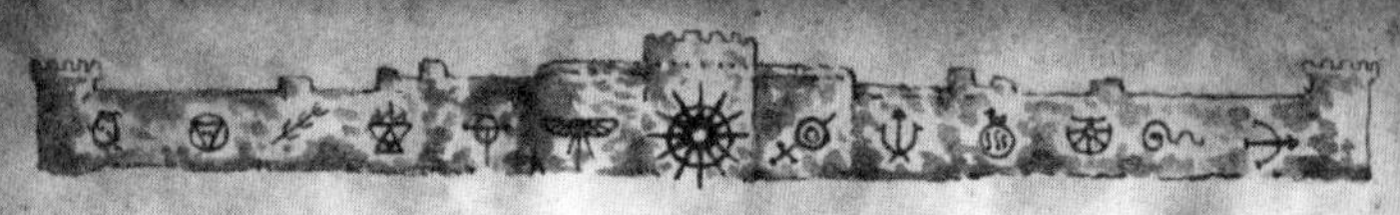

Denkbar ist auch eine Kombination der beiden Strategien: Zunächst der langsame Aufbau, bis die Basis der Gemeinschaft stark ist. Wenn die Gegner nicht mehr durch einfaches Predigen überzeugbar erscheinen, folgt die schnelle, aggressive Variante als Abschluss.

Phasen des Aufbaus

Bedenke immer: Die Bekehrung selbst nur eines Dorfes ist oft eine Lebensaufgabe, und meist reicht dabei sogar das Leben nur eines Missionars nicht aus. Er bereitet oft nur den Boden vor, auf dem weitere nach ihm seinen Weg fortsetzen. Doch kann man den langen Weg in Abschnitte unterteilen, die unterschiedlichen Anforderungen unterliegen.

Der erste Kontakt

Willst du Zugang zu einer fremden Gemeinschaft erhalten, musst du zunächst ihr Vertrauen erlangen. Ein guter Weg für den Anfang sind Gastgeschenke. Erweise den wichtigen Personen Respekt, vergiss aber auch die einfachen Menschen nicht. Sprichst du ihre Sprache nicht, so fange früh an, sie zu erlernen. Gespräche und Predigten sind deine wichtigsten Werkzeuge, doch für diese musst du die Sprache gut beherrschen, sonst werden sie nicht nur ihr Ziel verfehlen, sondern dich unbeholfen erscheinen lassen.

Bringe dich in die Gemeinschaft ein, denn nur dann wirst du als ein neuer Teil akzeptiert werden. Erkunde die dir fremde Kultur und schließe Freundschaften. Freunde helfen dir,

dich in der ungewohnten Umgebung zurecht zu finden und keine schwerwiegenden Fehler aus Unverständnis zu machen. Nimm Anteil an ihren Riten, denn nur so wirst du deren Wesen erkennen können. Doch halte dich fern von allem Unheiligen, denn daran darfst du dich nicht beteiligen, und verhindern wirst du es noch nicht können.

Das Schaffen einer Basis

Suche nach Gemeinsamkeiten, insbesondere in Glaubensfragen. Nutze diese als Brücke, über die du in Gesprächen das Wissen um die Zwölfe langsam transportieren kannst. Erzähle der zu bekehrenden Gemeinschaft zunächst von den Zwölfen, die sie schon kennen, und erweitere dabei ihr Wissen um diese. Nutze die Neugier der Menschen. Berichte ihnen von der Hilfe, die wir durch die Götter erfahren, und lehre sie nach und nach auch das Wissen um die anderen göttlichen Geschwister. Nimm dabei weiter Anteil an ihrem Leben, sei hilfreich, und danke den Göttern zu passender Gelegenheit. Sprich deine Gebete so offen, wie du es gefahrlos für möglich hältst. Durch deine Taten werden die Menschen mit unseren Riten vertraut. Suche nun nach ersten Kandidaten für eine echte Bekehrung. Im besten Fall findest du die Führung der Gemeinschaft offen für deine Worte. Bekehrst du sie, hast du dein Ziel fast erreicht. Ansonsten benötigst du Gläubige, die über Ansehen verfügen und deren Worte Gewicht in der Gemeinschaft haben. Sind auch diese nicht zugänglich, dann fange mit den Außenseitern an. Dies macht deinen weiteren Weg zwar schwerer, aber sie werden dir am ehesten zuhören.

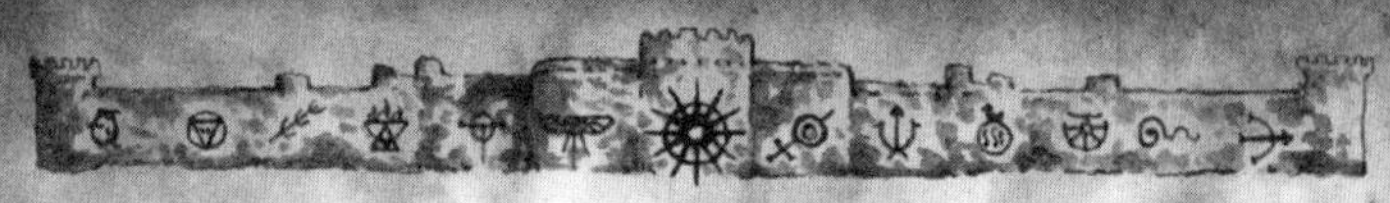

Die Schaffung einer Gemeinschaft

Dein Weg wird davon abhängen, wen du früh bekehren konntest. Hast du die Führung der Gruppe erreicht, dann nutze ihre Unterstützung, um offen die anderen Mitglieder zu bekehren. Den alten Glauben dafür zu verbieten, kann helfen, kann aber auch unnötig Widerstand erzeugen. Hilfreicher ist meist, den alten Glauben, wenn möglich, als Teil des Zwölfgötterglaubens zu behalten und nur die falschen Teile zu ersetzen. Hast du Personen von Ansehen erreicht, dann lasse dir von diesen helfen, den Glauben in der Gemeinschaft zu verbreiten. Ist die Basis stark genug, dann bringe die Anführer dazu, sich der Frage des Glaubens zu stellen. Oft werden sie sich nicht gegen die Mehrheit ihrer Untertanen stellen und dir so den Weg öffnen. Leisten sie aber Widerstand, musst du sie vermutlich von ihren Posten vertreiben. Doch bedenke, dass ein gewaltsamer Konflikt in der Gruppe diese vernichten kann, was weder gut noch richtig wäre, und dazu einen Fehlschlag deiner Bemühungen bedeuten würde.

Hast du nur die Außenseiter der Gemeinschaft erreicht, musst du versuchen, mit diesen ebenfalls eine breite Basis zu erreichen. Versuche so, langsam auch die Höherstehenden zu bekehren. Gelingt dies, dann kannst du wie vorher beschrieben weiter vorgehen. Gelingt es dir nicht, so wird am Ende nur ein Umsturz der Verhältnisse helfen können. Dieser ist aber extrem risikoreich und kann zu einem schlimmen Ende führen. Bedenke immer, dass du ein Feuer, das du entfachst, möglicherweise nicht mehr löschen kannst. Agiere deshalb als Stimme der Vernunft, damit möglichst keine unüberbrückbaren Brüche auftreten, denn diese sorgen sonst für andauernden Unfrieden. Zum Abschluss noch ein wichtiger

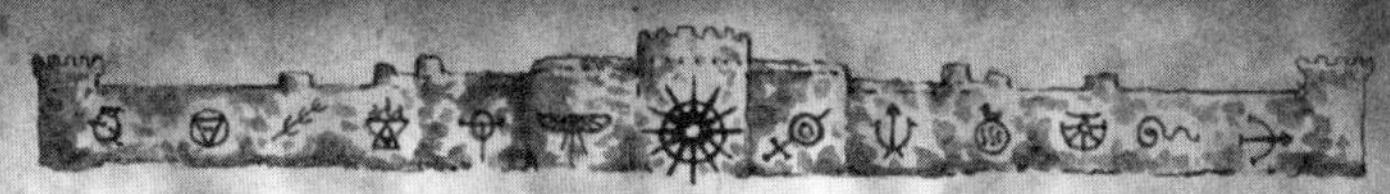

Rat: Verliere nie das größere Ziel bei deinen Bestrebungen aus den Augen. Das Bemühen, eine bestimmte Gemeinschaft zu bekehren, verengt meist den Blick auf diese Gruppe, sodass ihre Nachbarn aus dem Blick geraten. Dies aber kann fatale Folgen haben. Vertreibst du zum Beispiel den Diener eines falschen Gottes aus einem Dorf, dessen Gemeinschaft du auf den rechten Weg führen willst, dann bedeutet dies nicht, dann er dir keine Probleme mehr bereiten wird. In den Nachbardörfern finden sich nämlich vermutlich ebenfalls Anhänger seines Glaubens. Gelingt es ihm, sie zum Widerstand gegen deine Bemühungen aufzustacheln, dann mag er über kurz oder lang mit Unterstützung zurückkehren und im Gegenzug dich vertreiben. Deshalb gilt: Behalte auch bei kurz- und mittelfristigen Maßnahmen das langfristige Ziel im Blick, damit du frühzeitig auf Gefahren, die deinen Erfolg gefährden können, reagieren kannst.

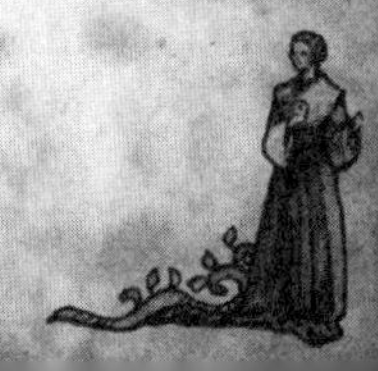

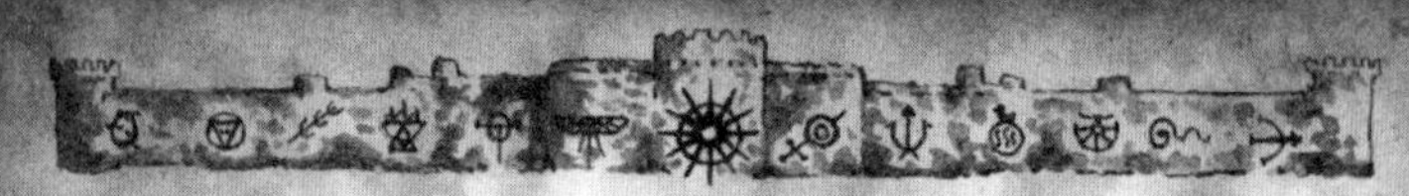

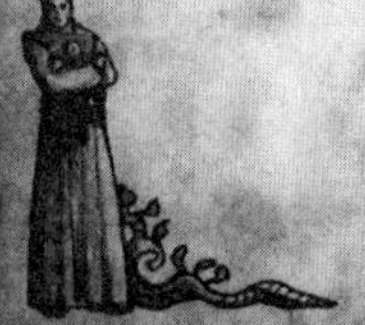

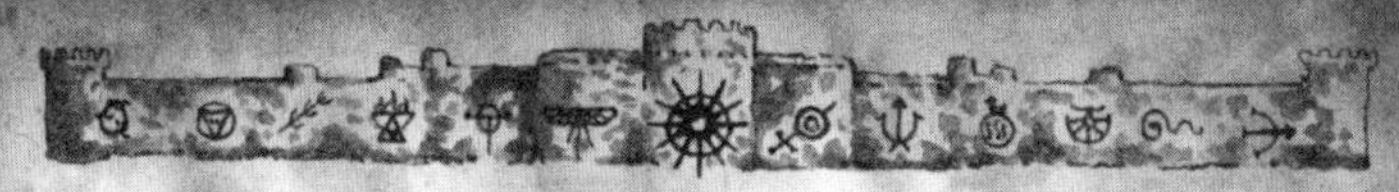

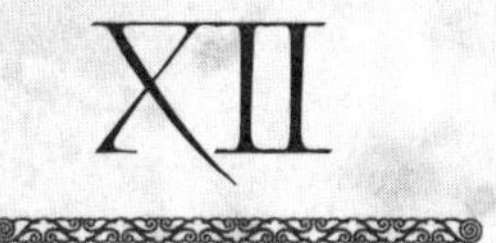

XII

Mit Rahjas Leidenschaft
Vom Wesen eines Missionars

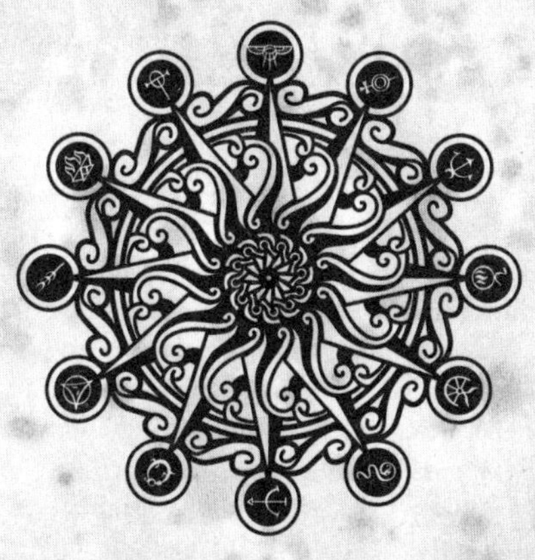

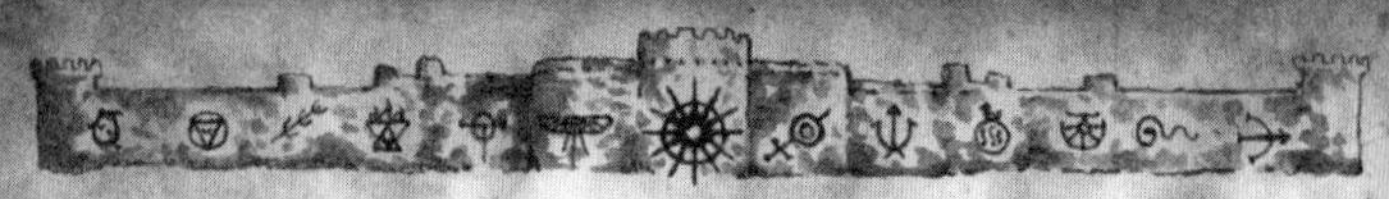

Zu guter Letzt möchte ich deinen Blick auf dich selbst lenken. Solltest du die Aufgabe annehmen, als Missionar der Zwölfe in die Welt zu ziehen, dann werden hohe Anforderungen an dich gestellt werden. Deshalb wirst du unaufhörlich an dir selbst arbeiten müssen, um den Göttern gut dienen zu können. Strebe stets danach, besser zu werden, denn du musst das, was du predigst, durch dein eigenes Leben untermauern. Welche Tugenden sind es aber, die für den Missionar besonders wichtig sind? Darum soll es im Folgenden gehen.
Sei gerecht! Auch wenn andere Fehler machen, deine werden besonders schwer wiegen. Du stehst für die zwölfgöttliche Gemeinschaft, und deine Taten fallen auf diese zurück. Sei deswegen ein Vorbild. Bist du gerecht, werden dir selbst fremde Menschen vertrauen. Sie werden sich mit dir gegen Ungerechtigkeiten verbünden, auch in Gefahr. Hältst du dich dagegen nicht an die Gebote der Götter, warum sollten es andere tun? Lasse dir nicht alles gefallen, doch antworte immer angemessen und bedacht.

Stärke deinen Willen!

Stärke deinen Willen! Du stehst oft alleine gegen die Meinung einer ganzen Gemeinschaft. Deine Worte werden angezweifelt werden. Man wird deinen Glauben missverstehen, absichtlich und unabsichtlich. Mancher wird versuchen, dich lächerlich zu machen. Man wird die Götter als etwas Falsches darstellen, versuchen, ihr Wesen ins Gegenteil zu verkehren. Nicht zuletzt wirst du auch Fehlschläge erleben. All das erfordert Mut und einen starken Willen, damit du es durchstehst und nicht Zweifel deinen Glauben gefährden.

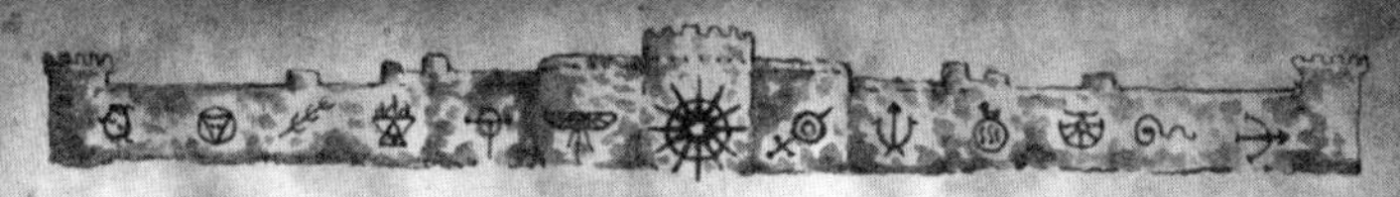

Passe dich an!

Bist du zu starr, dann wirst du brechen. Sei wie das Wasser, das die Form seines Behälters annimmt. Verleugne dabei nicht dein Wesen und schon gar nicht die Gebote der Götter, aber bedenke, dass auch die Zwölfe vielseitig sind. Bist du unter Bauern, dann lerne, selbst ein Bauer zu sein. Bist du unter Händlern, dann lerne, auch ein Händler zu sein. Menschen vertrauen ihresgleichen, doch du bist ihnen fremd. Deswegen passe dich an, damit sie die Gemeinsamkeiten zwischen euch entdecken.

Sei treu!

Ein gebrochenes Wort wird den Glauben in dich erschüttern und damit auch den Glauben an die Zwölfe. Verspreche nichts, was du nicht halten kannst. Brichst du ein Versprechen, warum sollte man dann deinen sonstigen Worten trauen? Warum sollen andere zu dir loyal sein, wenn du es selbst nicht bist? Schütze die, die sich dir anvertrauen. Tust du es nicht, dann verlierst du nicht nur deine alten Verbündeten, sondern gibst auch niemandem einen Grund, sich dir neu anzuschließen.

Lerne, auf dein Inneres zu hören!

Die innere Stimme, die deinem Gewissen entspringt, ist ein zuverlässiger Ratgeber, wenn es um richtig oder falsch geht. Doch auch die Götter senden dir Zeichen, du musst sie aber suchen und erkennen. Wenn du schläfst, dann achte auf deine Träume. In ihnen schicken die Götter dir Rat. Wenn du meditierst, dann warte auf die Bilder, die dein Geist dir zeigen wird. Visionen mögen dir einen Weg weisen, wenn du nicht mehr weiter weißt.

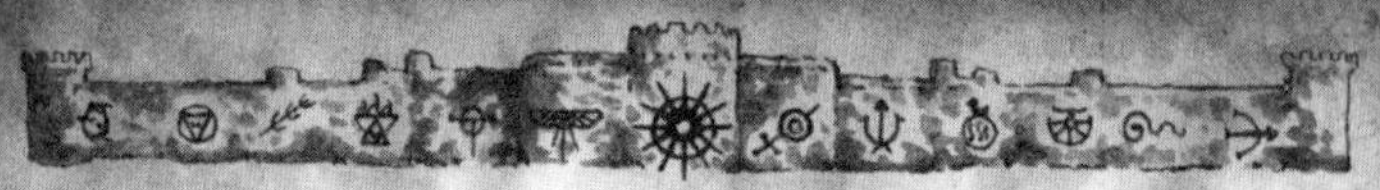

Schule dein Wissen! Du vermittelst den Glauben mit all seinen Facetten und Grundsätzen und wirst vieles über ihn berichten müssen. Du wirst Fragen zu jedem Aspekt gestellt bekommen. Man wird dich um Hilfe bitten, und dafür musst du Lösungen kennen. Schlussendlich musst du in deinen Predigten nicht nur die Grundsätze der göttlichen Ordnung aufzeigen, du musst auch Beispiele aus dem Leben der Heiligen geben und den Menschen damit Anregungen liefern. Dieses Wissen solltest du in dir tragen, damit du es zu rechten Zeit zur Verfügung hast.

Stärke deine Ausdauer!

Deine Aufgabe wird dich körperlich und seelisch fordern. Du wirst Momente der Schwäche erleben, Zeiten, in denen deine Aufgabe nicht voranzuschreiten scheint. Die Menschen werden dich immer und immer wieder vor ähnliche Probleme stellen. Dafür benötigst Du Ausdauer und Geduld. Wer nicht auf den richtigen Zeitpunkt warten kann, wer auf dem Weg ungeduldig umkehrt, obwohl er sein Ziel noch nicht erreicht hat, der wird scheitern. Stähle deshalb deine Geduld und verbessere deine Ausdauer.

Sei kreativ!

Du wirst improvisieren müssen. Wenn du mit dem Unbekannten konfrontiert wirst, dann brauchst du neue Lösungen. Wenn ein alter Weg nicht mehr zum Ziel führt, dann musst du einen neuen suchen. Überrasche, um damit das Interesse zu steigern, das vom ewig gleichen Trott gelangweilt wird. Zeige den Menschen neue Möglichkeiten auf, und sporne sie an, diese wahrzunehmen. Denn auch die Zwölfe sind ihnen neu, und so müssen sie für einen Wechsel bereit sein, sollen sie unseren Glauben annehmen.

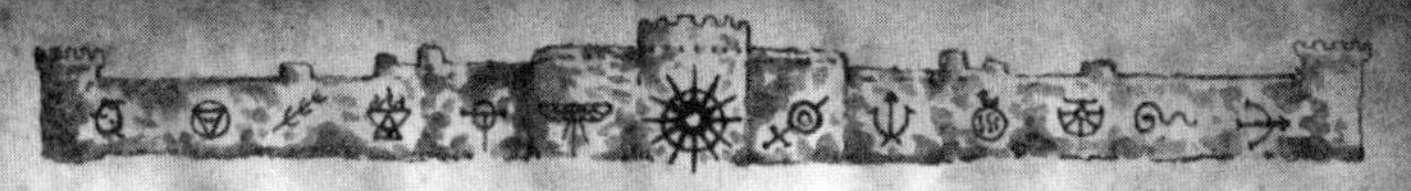

Nutze dein Wissen und deine Taten ohne Scham!

Hilfst du jemandem, dann scheue dich nicht, von ihm eine Gegenleistung zu fordern. Mit der Hilfe anderer wirst du den Glauben stärken und verbreiten, also bringe sie dazu, dir zu helfen. Brauchst du Hilfe, dann vergelte diese aber auch denen, die dir beistehen. Erfährst du von wichtigen Dingen, dann nutze sie in deinen Argumenten. Stelle Scheinheiligkeit bloß und lege falsches Wissen offen. Schäme dich nicht, die Fehler anderer gegen sie zu verwenden, wenn es dem wahren Glauben dient.

Sei aktiv!

Du wirst nur ernten, was du säst. Lass den Glauben in anderen wachsen und gedeihen. Pflege ihn sorgsam, stutze aber Triebe, die in die falsche Richtung wachsen. So wirst du auf lange Sicht die Ernte einer guten Gemeinschaft einfahren können. Tust du dagegen nichts, dann wird der Glauben verkümmern und absterben. Deshalb darfst du niemals untätig sein, sondern sollst die Zeit nutzen.

Forme deine Umwelt!

Die Götter gaben dir zwei Hände zum Arbeiten, also nutze sie. Lerne, wie du selbst erschaffen kannst, was du benötigst. Helfe deiner Gemeinschaft, indem du Hilfreiches fertigst. Denke daran, dass du eher akzeptiert wirst, wenn du etwas zum Leben beitragen kannst. Nutze deine Fähigkeiten ebenfalls, um für dich selbst zu sorgen, wenn dir niemand sonst beisteht. Forme aber auch die Beziehungen zwischen den Menschen, denn nur wenn sie sich gegenseitig unterstützen, ist eine echte Gemeinschaft entstanden.

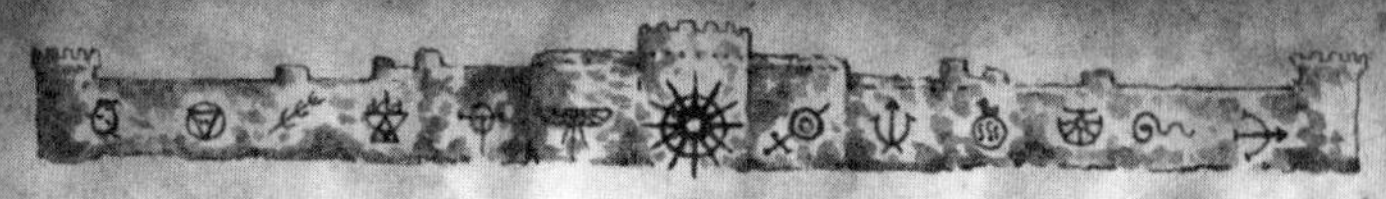

Sei leidenschaftlich!

Die Menschen spüren, ob du dich einer Sache ganz verschrieben hast. Zeige es ihnen, reiße sie mit und inspiriere sie. Schenke ihnen Freude, denn so motivierst du sie, dir zu helfen. Alleine wirst du dein Ziel nicht erreichen, also binde die anderen an dich. Arbeite dafür an deiner persönlichen Ausstrahlung, deinem Charisma, denn du sollst die Menschen zum rechten Glauben führen. Bei all dem reicht es nicht, wenn du zögerlich bist oder nicht ganz bei der Sache. Du musst du dich mit Leib und Seele einbringen.

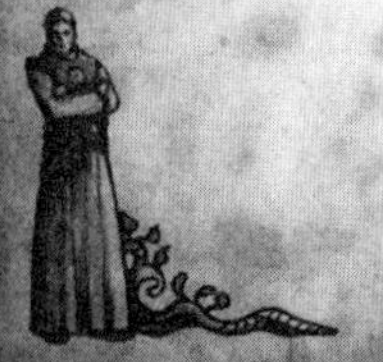

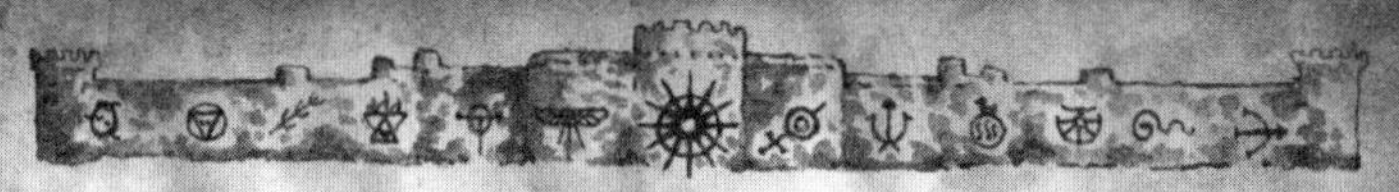

Anhang

Mit dem Auge des Weltenschöpfers

Anregungen zur Ausgestaltung

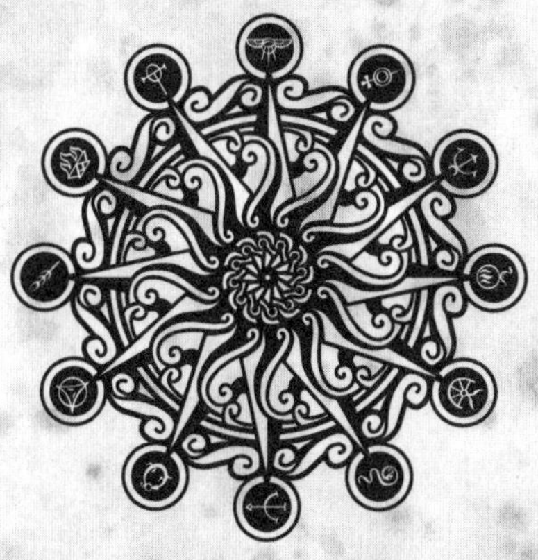

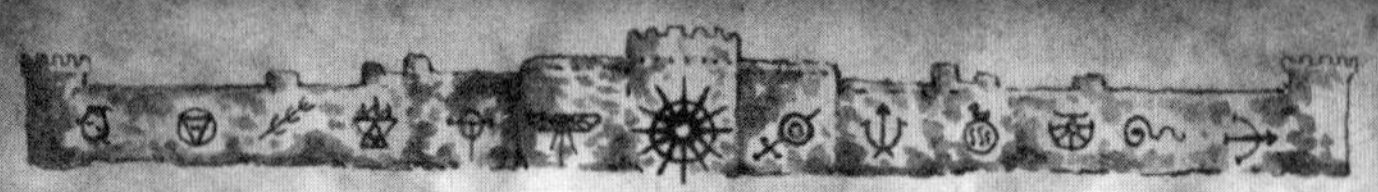

Dieses Kapitel soll dir als Spieler oder Spielleiter einige Ideen an die Hand geben, wie man einen Charakter vom Bund des Wahren Glaubens ausgestalten kann. Betrachte die Vorschläge als Steinbruch, aus dem du dich nach Belieben bedienen kannst.

Herkunft und Hintergrund

Die Illumnestraner unterscheiden sich in ihrer Herkunft vor allem im Hinblick darauf, ob sie selbst aus einem der Klöster stammen oder dem Bund erst später beigetreten sind. Da die Klöster sich im Mittelreich (Göttertrutz in Tobrien) und im Horasreich (Mantrash'Mor am Nordende der Goldfelsen, Sancta Lamea in Belhanka) befinden, bieten sich diese Kulturen als typische Hintergründe an. Die Eltern können ebenfalls zum Orden gehören, aber auch aus dem Umfeld der Klöster stammen, wo das Kind einem der Bewohner aufgefallen sein mag. Ebenfalls häufig sind Kriegswaisen, was sich besonders für die Herkunft aus Tobrien anbietet. Exotischere Hintergründe sind durch Wanderprediger denkbar, die das Kind in der Ferne aufgelesen haben. Man sollte sich dann aber Gedanken darüber machen, warum es mit zum Kloster genommen wurde. Hier mag ein (vermutetes) Zeichen der Götter oder ein Gefallen, den der Prediger den Eltern schuldete, eine Rolle spielen.

Spieler und Spielerinnen, deren Helden dem Orden erst später im Leben beitreten, sollten sich bei der Gestaltung des Hintergrunds Gedanken darüber machen, wie der Charakter zum Orden kam. Situationen, in denen die Bedeutung der zwölfgöttlichen Gemeinschaft dem Charakter deutlich

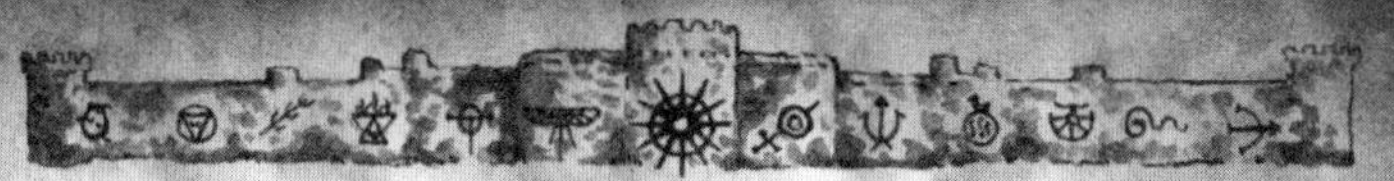

vor Augen geführt wurden, bieten hierfür gute Möglichkeiten: der gemeinsame Krieg gegen Borbarad, Frustration über allzu menschliche Streitigkeiten innerhalb der Kirche oder Zukunftssorgen durch Einsetzen des Sternenfalls. Beim späteren Beitritt sollte der Charakter eine angemessene Zeit im Noviziat verbracht haben. Für Geweihte sollte diese etwa 12 Monate betragen, eine kürzere Zeitspanne ist bei besonderen Verdiensten (was gerade bei Helden wohl nicht so selten ist) als Ausnahme denkbar.

Ausrichtung und Werte

Es gibt drei Gruppen Illumnestraner: Philosophen, Wanderprediger und Missionare. Alle drei haben eigene Schwerpunkte, aber auch Gemeinsamkeiten. Die Philosophen bleiben eher in den Klöstern, finden auf der Suche nach bestimmten Zeichen, Schriften oder Orten aber auch Gründe, die Klostermauern einmal zu verlassen. Wanderprediger reisen meist umher und sind so als Abenteurer sehr gut geeignet. Missionare bieten sich vor allem in Gebieten an, in denen der Zwölfgötterglauben nicht dominiert oder zumindest größere andere Glaubensgemeinschaften vorhanden sind.

Eine Grundfrage beim Spielen eines Illumnestraners lautet, ob der Charakter geweiht sein soll oder nicht. Beide Gruppen sind innerhalb des Bundes komplett gleichgestellt, die Geweihten verfügen aber über deutlich mächtigere Fähigkeiten. Eine Weihe erfolgt fast ausschließlich vor dem Beitritt zum Bund, da die Kirchen den Beitritt von Geweihten zum Bund nicht gerne sehen. Dies bietet im Spiel Möglichkeiten, kleinere Reibereien zwischen dem Geweihten und seiner Kir-

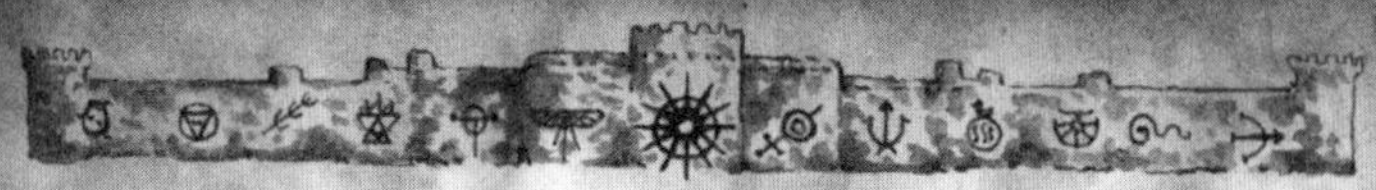

che anzuspielen. Für den Beitritt muss die Weihe einem der Zwölfe oder der anerkannten Halbgötter gelten.
Bei Liturgien sind gerade solche interessant, die allen Zwölfen offenstehen und so die Gemeinsamkeiten der Kirchen betonen. Exorzismus, Initiation, Göttlicher Fingerzeig, Schutzsegen und Seelenprüfung sind im Orden sehr verbreitet. Die meisten Kulte, wenig organisierte wie die von Firun und Tsa ausgenommen, sehen die Weihe von Geweihten oder Tempeln durch den Orden nicht gerne, da sie dies als ihr eigene Aufgabe auffassen. Soll der Held als Missionar in Uthuria wirken, mag die Möglichkeit, neue Geweihte und Tempel weihen zu können, um eine neue zwölfgöttliche Gemeinschaft aufzubauen, die Bedenken überwiegen. Solche Aufgaben werden jedoch nur an erfahrene Missionare übertragen.
Neben den allgemeinen sind auch die speziellen Liturgien der einzelnen Kulte für geweihte Illumnestraner wichtig. Die Zusammenarbeit der Geweihten verschiedener Traditionen führt zu Bemühungen, Liturgien der einen Kirche auch den anderen zugänglich zu machen. Dies hat bisher jedoch noch nicht zu Ergebnissen geführt.

Ein nicht geweihter Illumnestraner ist häufig Akoluth. Zeloten bieten ebenfalls dank ihrer regeltechnischen Möglichkeiten bei Predigten und Prophezeiungen einen passenden Hintergrund. Verbesserte Predigten sind dabei natürlich besonders für Wanderprediger, aber auch für Missionare interessant, Prophezeiungen besonders für die Philosophen.
Der Moralkodex der Bündler entspricht in seiner normalen Ausformung (bevorzugte Befolgung der Gebote der Monatsgottheit) von den Einschränkungen her dem der üblichen zwölfgöttlichen Kirchen. Wer dem Weg des wehrhaften Fuch-

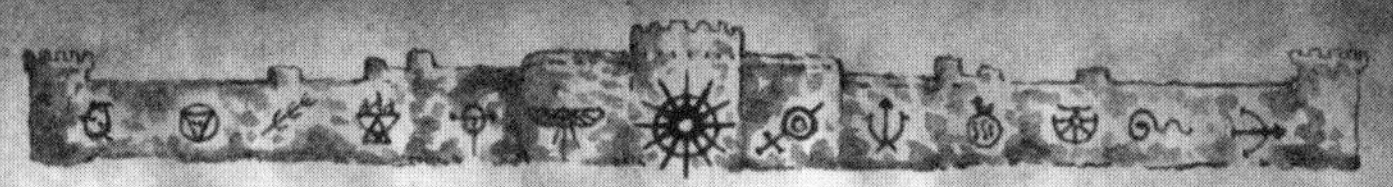

ses folgt und damit auf deutlich mehr Pragmatismus setzt, der unterliegt weniger Einschränkungen. Die, die es immer allen Zwölfen zugleich Recht machen wollen, erleiden dagegen deutlich stärkere Einschränkungen.
Der Bund hat einige Anliegen, die für die Mitglieder besonders wichtig sind. Grundsätzlich geht es um die *Verteidigung der Schöpfung*, womit der Kampf gegen alle Feinde derselben (Dämonen und Diener des Namenlosen) Pflicht ist. Auch die *Stärkung des Glaubens* dient diesem Ziel, da die zwölfgöttliche Ordnung das Weiterbestehen der Schöpfung garantiert. Unter diesen Punkt fallen die Mission, der Kampf gegen den Unglauben und die Verteidigung des Glaubens. Schließlich geht es um die *Verbundenheit mit den Zwölfen*. Diese bedeutet vor allem die Suche nach Nähe zum Göttlichen in Meditationen und die Erkundung des Willens der Zwölfe durch die Interpretation göttlicher Zeichen.

Da in den Klöstern viele alltägliche Arbeiten anfallen, kann auch ein profaner Beruf, wie Bauer oder Schmied, Grundlage des Helden sein. Wer im Bund aufwächst, wird, je nach Bedarf des Klosters, eine passende Ausbildung erhalten. Durch die intensive Beschäftigung mit Philosophie und Religion sind ebenfalls Gelehrte als Grundlage denkbar. Da die Novizen sich drei Jahre lang spezialisieren, vorher aber allgemein unterrichtet werden, sollte das Fertigkeitsprofil eher breit ausfallen.

Besondere Beachtung sollten die passenden Sprachen (*Aureliani* und *Bosparano*), rhetorische Fähigkeiten (auch passende Sonderfertigkeiten, wie *Liebling der Massen*), die gesellschaftlichen Talente *Bekehren & Überzeugen*, *Menschenkenntnis* und

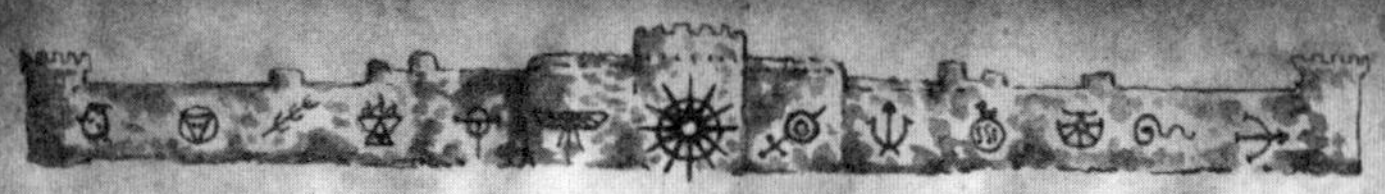

Willenskraft, die Wissenstalente *Geschichtswissen*, *Götter & Kulte*, *Sagen & Legenden*, *Sphärenkunde* und *Sternkunde* sowie einzelne für ein Kloster sinnvolle Handwerkstalente, wie die verschiedenen Bearbeitungstalente, erhalten. Bündler können in der Regel zumindest mit dem Kampfstab umgehen. Wer sich der Visionssuche verschrieben hat, für den sind auch die Schicksalspunkte-Sonderfertigkeiten zum Prophezeien passend. Philosophen sollten stärker auf die Wissensfertigkeiten achten, Wanderprediger stärker auf die gesellschaftlichen Fertigkeiten, während Missionare letztlich alles benötigen, wobei ihr Kerntalent *Bekehren & Überzeugen* ist. Wanderprediger und Missionare sollten einige Punkte in die Naturtalente und in *Geographie* investieren, da sie häufiger auf Reisen sind. Wer sich für den Weg des wehrhaften Fuchses entscheidet, sollte die eigenen Kampffähigkeiten stärker gewichten und auch phexische Talente wie *Fesseln*, *Schlösserknacken*, *Tarnen* und *Verbergen* nicht vergessen.

Kleidung und Symbole

Alle Ordensmitglieder tragen zwölfzackige Amulette, nicht selten mit einem Gwen Petryl in der Mitte. Die Novizen tragen einfache weiße Kutten, vollwertige Mitglieder, geweihte wie ungeweihte, schwarze Kutten mit weißem Skapulier darüber. Dieses ist oft mit dem Zwölfgötterkreis bestickt. Äbte und Erzäbtissin tragen wiederum weiße Kutten und schwarze Skapuliere.

Die Tracht bei Bedarf durch andere Kleidung zu ersetzen, ist kein Problem. Besonders die Wanderprediger scheuen sich nicht, leichte Rüstungen oder heimliche, dunkle Kleidung anzulegen, wenn sie in unsicheren Gebieten unterwegs sind.

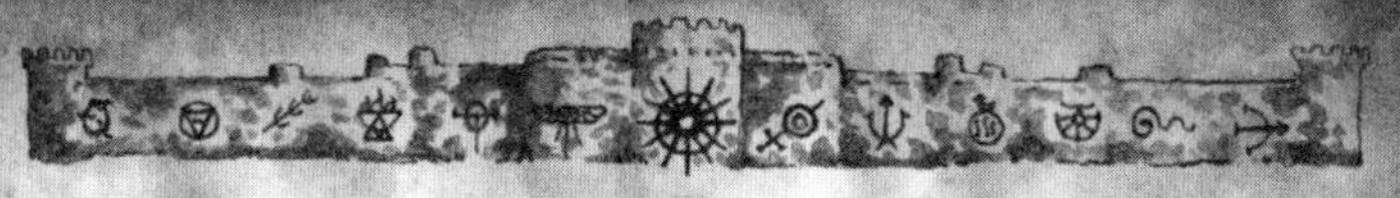

Glaube, Wissen und Intrigen

Im Orden existieren kleine Gruppen mit teilweise sehr unterschiedlichen Ansichten, in deren Spannungsfeld sich auch Spielerhelden befinden. Es gibt konservative Kräfte, welche die verstärkte Toleranz der Anhänger Rastullahs ablehnen, wie sie von der aktuellen Illumnestra propagiert wird. Sie setzen darauf, dass die gegenwärtige Illumnestra in absehbarer Zeit von den Göttern abberufen wird und die nächste einen anderen Weg einschlägt. Die progressiven Kräfte folgen den Anweisungen ihres Oberhaupts, hadern aber manchmal mit den eher nebulösen Begründungen. Gerade der Sternenfall verschärft die Diskussion um den richtigen Weg weiter und steigert so auch die Spannungen innerhalb des Ordens.

Unter der Oberfläche finden sich dabei möglicherweise auch ketzerische Glaubensansätze. In Mantrash'Mor liegen viele Schriften, die teilweise noch von Illumnestra und Silem-Horas selbst stammen, und deren Inhalte durchaus Abweichungen zur aktuell als gültig und wahr vertretenen Lehre enthalten können. Solches Wissen mag ebenfalls die Vergangenheit des Ordens selbst betreffen, wenn es etwa darum geht, welche Illumnestra wann gewirkt hat und ob die Reihe der Anführerinnen in der bekannten Form vielleicht sogar falsch ist. Bei allen Aufzeichnungen bleibt zudem immer die Unsicherheit darüber, ob diese authentisch oder womöglich Fälschungen sind. Agenten des Namenlosen versuchen ihrerseits, den Orden zu unterwandern, und können so auch Quellen von häretischen Gedanken sein. Werden sie enttarnt, wirft das neue Fragen auf, wie die, ob die Visionen der aktuellen Illumnestra möglicherweise vom Rattenkind beeinflusst wurden.

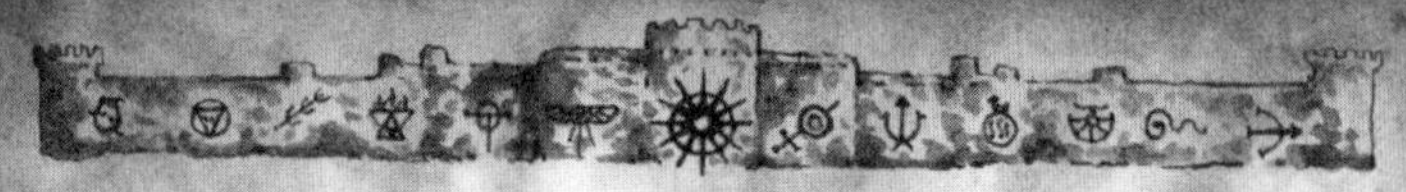

Heldenmotivationen

Die Gründe, warum ein Illumnestraner auf Abenteuer auszieht, hängen stark von seiner Rolle ab. Für einen Wanderprediger ist es meist einfach, da er eh durch die Lande reist, um zu predigen. Er wird eine schützende Gruppe sicher schätzen. Folgt er dem Weg des wehrhaften Fuchses, so bieten sich besonders Abenteuer an, bei denen es gegen Dämonenbündler oder Agenten des Namenlosen geht.

Ähnlich wie der Wanderprediger hat auch der Missionar einen guten Grund, auf Abenteuerfahrt auszuziehen. Hier sollte man aber bedenken, dass für diesen Charakter eine Reise durch das Horasreich weniger interessant sein dürfte als eine Expedition nach Uthuria, denn um missionieren zu können, bedarf es Andersgläubiger, zu denen man predigen kann. Die Grenzen zwischen Wanderprediger und Missionar sind fließend, letzterer hat vor allem dann eine Sonderrolle, wenn er offiziell vom Orden ausgeschickt wird. Dies bietet sich vor allem für längerfristige Kampagnen an.

Die Philosophen sind wohl am schwierigsten für ein Abenteuer zu begeistern, suchen sie doch eher in Meditation nach Zeichen der Götter oder studieren alte Schriften. Doch auch daraus können sich Gründe für Reisen ergeben, wie der Besuch berühmter Orakel und Bibliotheken oder von Stätten, an denen Zeichen der Götter gesichtet worden sein sollen. Der Grund kann dabei Abenteueraufhänger sein, wenn es zum Beispiel um die Suche nach einem gefallenen Stern geht, aber auch als Nebenstrang dienen, wenn die Reise in eine

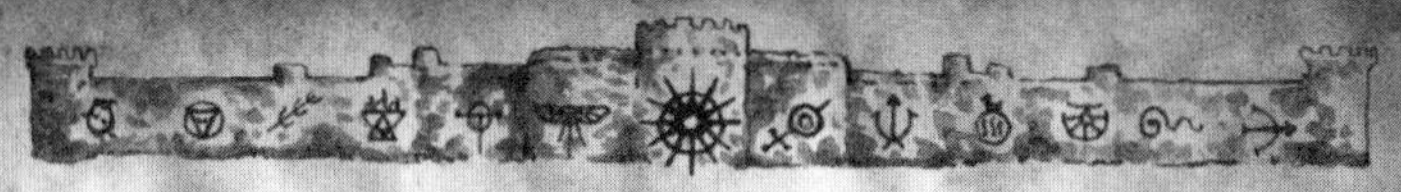

bestimmte Stadt gehen soll und dafür die Suche nach einem Schriftstück in der dortigen Magierakademie eingebaut wird. Abschließend noch ein paar Anmerkungen zum Thema Bekehrung: Eine dauerhafte Bekehrung ist in der Regel das Ergebnis eines sehr langen Prozesses, der nicht im Rahmen eines Abenteuers aus einem Ungläubigen einen glühenden Verehrer der Zwölfe macht. Als Spieler eines Illumnestraners sollte man also eher auf kleine Erfolge aus sein, als den maximalen Erfolg anzustreben. Kommen nach einer Predigt die Rastullahanhänger ins Grübeln, dann kann man bereits für sich verbuchen, den Samen des Glaubens gesät zu haben. Hat der Elf anerkannt, dass die Götter Schutz gegen die Dämonen bieten, dann ist auch dies eine Bestätigung der geleisteten Arbeit.

Eine Besonderheit stellt das Bekehren der Charaktere von Mitspielern dar. Was dabei möglich ist, sollte vorher in der Gruppe abgeklärt werden. Für den Einen sind Bekehrungsversuche eine Bereicherung des Spiels, die das Eintauchen in die Welt erleichtern, für den Anderen aber vielleicht ein Angriff auf das Charakterkonzept. Der Spieler des Predigers mag es seinerseits als frustrierend empfinden, wenn seine Aktionen zu keiner Änderung bei den Einstellungen der Mitspielerhelden führen. Hier sollte man vorher besprechen, was für alle in Ordnung ist und was nicht.

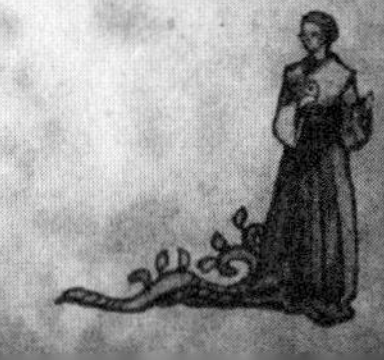

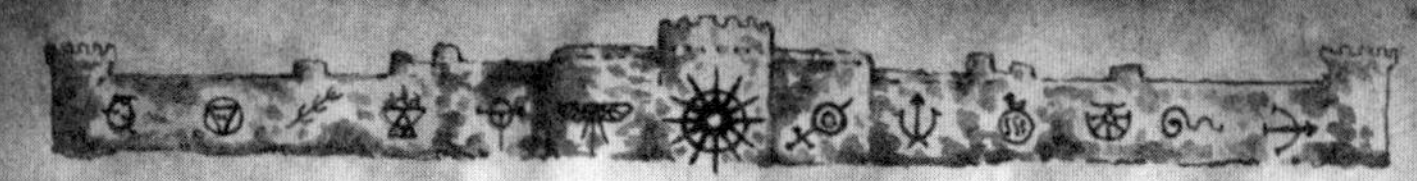

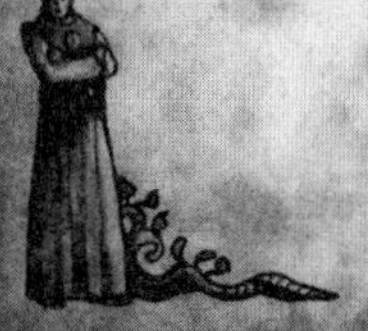

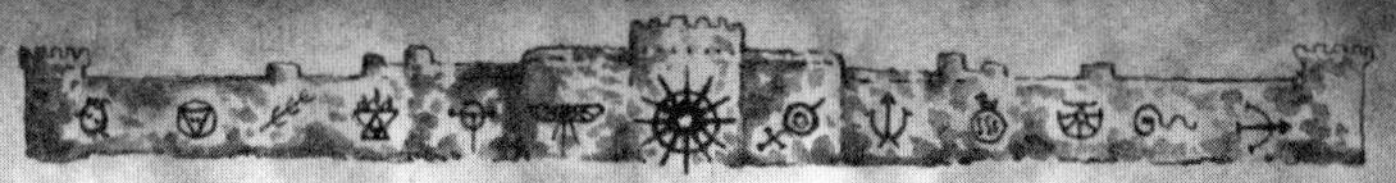

Vakatseiten

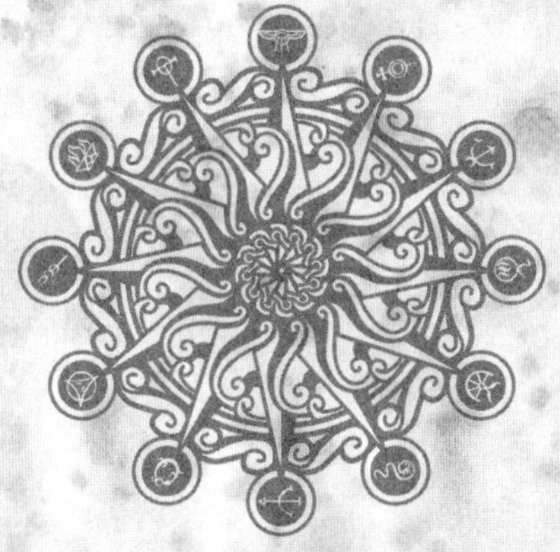

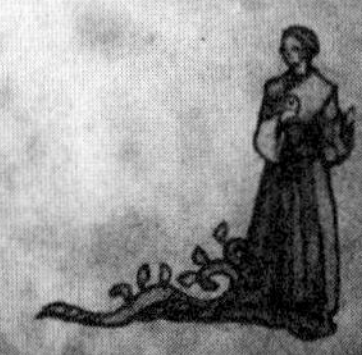

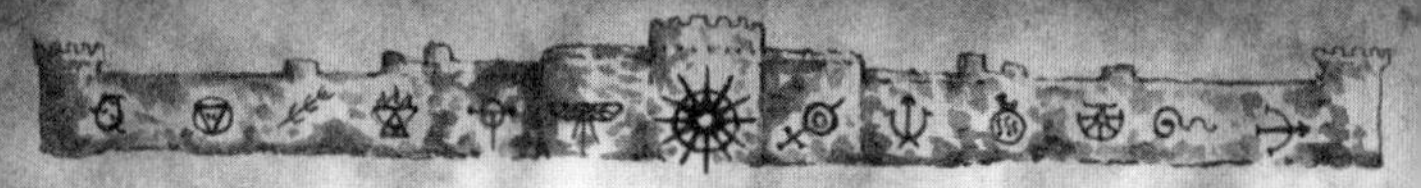

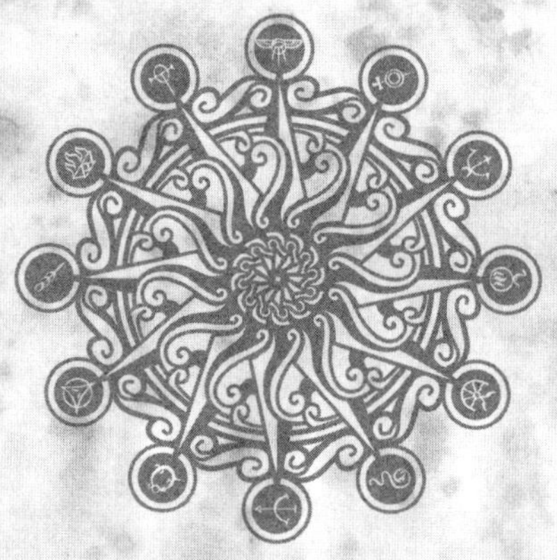

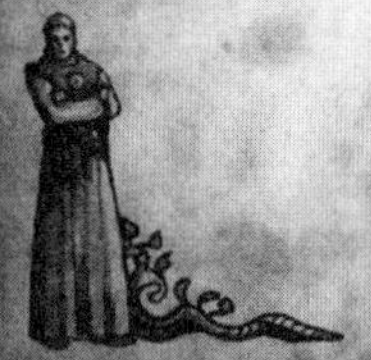

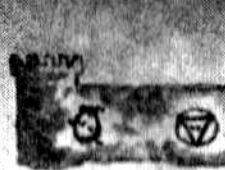

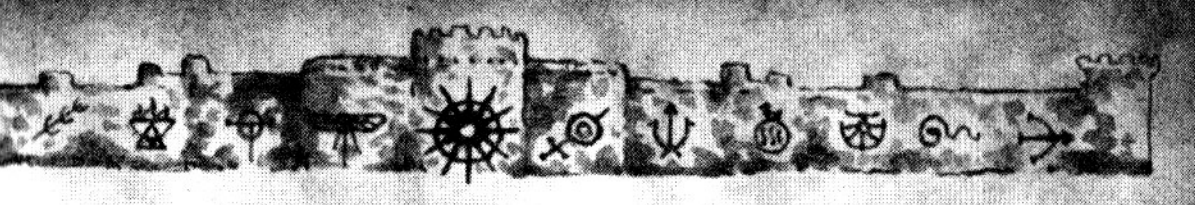

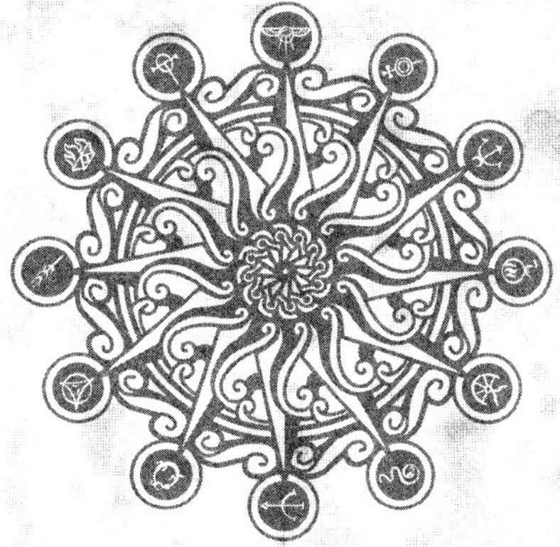

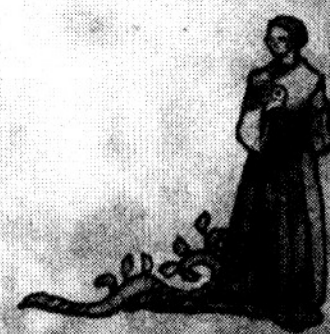

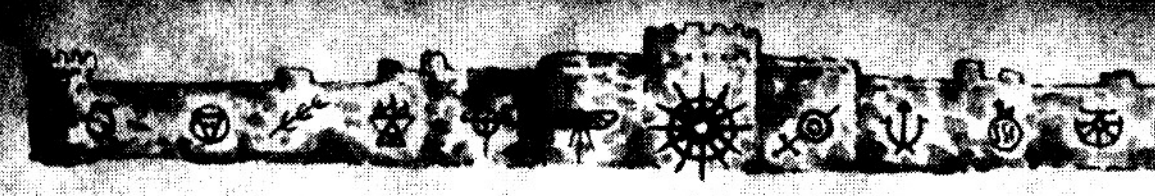

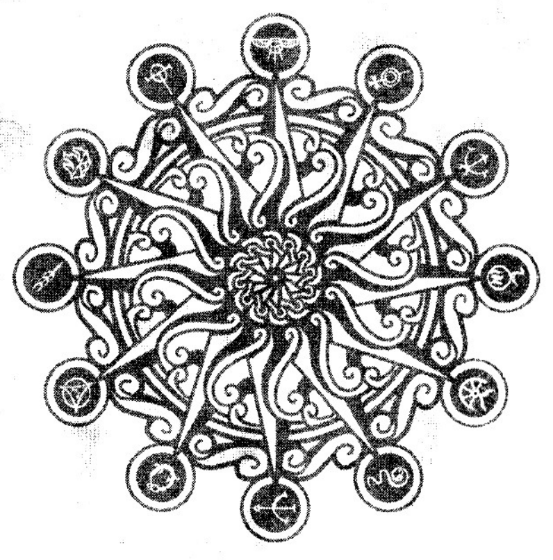